일본의
근대,
근대의
일본

근대한국학 대중 총서 06

일본의 근대, 근대의 일본

초판 1쇄 인쇄 2022년 5월 20일

초판 1쇄 발행 2022년 5월 30일

_

엮은이 연세대학교 근대한국학연구소 인문한국플러스(HK⁺) 사업단 지역인문학센터

펴낸이 이방원

편 집 안효희 · 김명희 · 정조연 · 정우경 · 송원빈 · 박은창

디자인 양혜진 · 손경화 · 박혜옥   **마케팅** 최성수 · 김 준 · 조성규

_

펴낸곳 세창출판사

　　신고번호 제1990-000013호 **주소** 03736 서울시 서대문구 경기대로 58 경기빌딩 602호

　　전화 02-723-8660 **팩스** 02-720-4579 **이메일** edit@sechangpub.co.kr **홈페이지** http://www.sechangpub.co.kr

　　블로그 blog.naver.com/scpc1992 **페이스북** fb.me/Sechangofficial **인스타그램** @sechang_official

_

ISBN 979-11-6684-105-7 94910

　　978-89-8411-962-8 (세트)

_ 이 책은 2017년 정부(교육부)의 재원으로 한국연구재단의 지원을 받아 수행된 연구임(NRF-2017S1A6A3A01079581)

근대한국학 대중 총서 06

일본의 근대, 근대의 일본

연세대학교 근대한국학연구소
HK⁺ 사업단 지역인문학센터

세창출판사

발간사

　인간은 언제부턴가 현상의 이유를 알고 싶어 하는 물음, 즉 '왜'라는 질문을 하기 시작했다. 어떤 철학자는 이 질문과 더불어 비로소 인간이 된다고 한다. 자연스럽게 경험되는 현상을 그 이유(reason)부터 알고자 하는 것, 그것이 곧 이성(reason)의 활동이고 학문의 길이다. 이유가 곧 이성인 까닭이다. '존재하는 모든 것에는 충분한 이유가 있다(충족이유율)'는 학문의 원칙은, 따라서 '존재는 이성의 발현'이라는 말이며, '학문에의 충동이 인간의 본성을 이룬다'는 말이기도 하다. 최초의 철학자들이 자연의 변화 이유를 알고 싶어 했었는데, 이내 그 모든 물음의 중심에 인간이 있음을 알게 된다. 소크라테스의 "네 자신을 알라"는 말은 물음의 방향이 외부에서 내부로 이행되었음을, 인간에게 가장 중요한 물음이자 답하기 어려운 물음이 인간 자신에 대한 물음임을 천명한다.

　자연과학이 인간에 대한 물음에 간접적으로 관여한다면 인문학(Humanities)은 인간을 그 자체로 탐구하고자 한다. 자연과학의 엄청난 성장은 인문학 역시 자연과학적이어야 한다는 환상을 심어 주었다. 대상을 객체로 탐구하는, 그래서 객체성(객관성)을 생명으로 하는 과학은, 주체성과 상호주체성으로 특징지어지는 인간의 세계뿐만 아니라 인간 역시 객체화한다. 인간이 사물, 즉 객체가 되는 순간이며, 사람들은 이를 인간성 상실이라고 말한다.

우리는 다시 묻는다. 나는 누구이며 인간은 무엇인가? 이 물음은 사물화된 인간에 대한 반성을 담고 있다. 인간이 이처럼 소외된 데는 객체화의 원인이라는 이유가 있을 것이다. 그것을 찾고자 인문학이 다시 소환된다. 자신의 가치를 객관적 지표에서 찾으려 동분서주했던 대중들 역시 사물화된 자신의 모습에 불안해한다. 인간은 객관적 기술이 가능한 객체라기보다 서사적 존재이고, 항상적 본질을 반복적으로 구현하는 동물이라기보다 현재의 자신을 끊임없이 초월하고자 하는 실존적, 역사적 존재이다. 인간에게서는 실존이 본질을 앞선다. 문학과 예술, 역사, 그리고 철학이 사물화된 세계에서 호명된 이유이다.

한국연구재단은 이러한 사명에 응답하는 프로그램들을 내놓았다. 그것들 중에서도 "인문한국(HK, HK+)" 프로그램은 이 문제에 가장 직접적으로 대면한다. 여전히 성과, 즉 일종의 객체성에 의존하는 측면이 있기는 하지만 인문학자들의 연구활동과 대중들의 인문의식 고양에 획기적인 프로그램으로 자리 잡았다.

연세대학교 근대한국학연구소는 2017년 11월부터 한국연구재단으로부터 "근대한국학의 지적기반 성찰과 21세기 한국학의 전망"이라는 어젠다로 인문한국플러스(HK+) 사업을 수주하여 수행하고 있다. 사업단

내 지역인문학센터는 연구성과 및 인문학 일반의 대중적 확산에 주력하고 있다. 센터는 강연과 시민학교, 청소년 캠프 및 온라인 강좌 등을 통해 전환기 근대 한국의 역동적인 지적 흐름들에 대한 연구소의 연구성과들을 시민들과 공유하고 있다. 출간되는 대중 총서 역시 근대한국의 역사, 문학, 철학 등을 인물별, 텍스트별, 주제별, 분야별로 대중에게 보다 폭넓게 다가가기 위해 기획되었다. 이 시리즈들을 통해 나와 우리, 즉 인간에 대한 물음에 함께하기를 기대한다.

연세대학교 근대한국학연구소
인문한국플러스(HK⁺) 사업단 지역인문학센터

차례

메이지유신

방광석
홍익대학교 교양과 교수

메이지유신이란, 좁은 의미로는 1868년 에도막부(江戸幕府)가 멸망하고 메이지 신정부가 수립된 사건(왕정복고)을 가리키지만, 광의로는 1853년 개국부터 1890년 입헌정치의 시행까지 근대국가를 형성하는 일본의 정치적 변동과 개혁을 가리킨다. 메이지유신을 통해 일본은 무사들로 구성된 지배층이 되어 농민 등을 다스리는 '막번(幕藩)체제', 즉 무가(武家) 지배 체제에서 천황을 유일한 통치권자로 삼는 중앙집권적 통일국가, 즉 '근대천황제' 국가로 전환되었다. 아울러 메이지유신을 통해 일본은 서양 근대문명을 적극적으로 수용하여 정치, 사회, 경제, 교육 등 기존 제도 전반을 개혁함으로써 근대국가를 형성해 나갔다.

1. 개국(開國)

1) 일본의 쇄국정책

16세기 말의 혼란기를 끝내고 일본을 통일한 에도막부는 성립 초 일본인의 해외 도항을 금지하고 서양 나라들과의 교류를 통제하는 이른바 '쇄국정책'을 실시했다. 대항해시기에 일본에 접근한 포르투갈, 스페인, 네덜란드, 영국 등 서양 나라들 가운데 네덜란드만 제외하고 모두 교류를 단절한 것인데, 이는 서양 나라들에 의한 기독교 포고가 통치에 방해가 된다고 판단해 그들의 침략적 행동을 경계했기 때문이다. 이후 나가사키에 조성된 인공섬 네시마[出島]를 통한 통제 무역만을 하는 시기가 200년 이상 이어졌는데, 이러한 쇄국정책은 중국이 취한 해금정책과 유사한 측면이 있다.

19세기에 들어 서양 세력이 다시 동아시아에 접근하여 통교와 교역을 요구하기 시작했다. 이 시기의 서양 세력은 16세기의 모험주의적 교역을 위해서가 아니라 자본주의적 상품시장을 구해 동아시아로 찾아왔다는 점에서 이전과는 차이가 있었다. 유럽에서는 18세기 후반부터 영국을 선두로 기술혁신을 통해 생산력을 비약적으로 증가시켰고 그를 통해 공장제 상품을 대량생산하는 자본주의 경제가 성립되었다. 증기기관의 발명과 철강산업, 조선업의 발달은 군사 능력을 강화시켰다. 산업혁명으로 경제력과 군사력을 증대시킨 영국과 프랑스 등 유럽 국가들은 광대한 상품시장으로 여겨진 동아시아 국가들에 대해 문호개방을 적극적으로 요구하기 시작했다.

1800년 무렵부터 일본열도 근해에는 외국 선박이 빈번히 출몰하기 시작했다. 북쪽에서는 동방정책을 통해 시베리아 동쪽으로 진출한 러시아가 사할린·쿠릴열도를 거처 홋카이도로 접근했다. 남쪽에서는 영국을 비롯해 프랑스, 미국의 선박이 빈번히 접근해 개국과 통상을 요구했다. 이에 대해 에도막부는 1825년 이국선배척령[無二念打拂令]을 발령해 일본 연안에 접근하는 외국 선박에 대해 무차별적으로 포격을 가해 격퇴하라고 명령했다. 이전부터의 쇄국정책을 강화하려 한 것이다. 그러나 1840년 발생한 아편전쟁에서 영국이 승리하여 난징조약을 체결함으로써 청국이 문호를 개방하게 되자 일본의 태도는 달라졌다. 청국이 유럽의 섬나라 영국에게 패배한 아편전쟁을 통해 서양의 강한 군사력을 인식한 에도막부는 1842년 이국선배척령을 폐지하고 조난한 선박에 대해 음료수와 연료의 보급을 인정하는 신수급여령(薪水給與令)을 발령했다. 점차 강화되는 서양 나라들의 압박 속에서, 에도막부는 머지않아 일본도 청국과 같은 상황을 맞이하게 될 것이라는 생각을 갖게 되었다.

2) 미일화친조약의 체결

일본의 개국은 미국에 의해 이루어졌다. 1837년 일본인 표류민 7명을 송환하기 위해 일본에 입항하려 한 미국 상선 모리슨호가 이국선배척령에 의해 포격을 받았다. 1844년 일본과 교역하던 네덜란드의 국왕은 에도막부에 친서를 보내 개국을 권고했다. 1846년에는 미국 동인도함대 사령관 제임스 비들(James Biddle)이 우라가[浦賀]에서 통상을 요구했으나 거절당했다. 1848년 멕시코와의 전쟁을 끝내고 캘리포니아를 획득해 태평양 국가가 된 미국은 동아시아 무역에 대한 관심이 커졌다. 당시 일본 근해의 북태평양에서는 미국의 포경선이 빈번히 원양 조업을 했고 미국 선박이 태평양을 횡단해 중국으로 가기 위해서는 기항지로서 일본이 중요했기 때문에 미국은 다른 서양 나라보다 일본의 개국에 적극적이었다.

1852년 미국 대통령 밀러드 필모어(Millard Fillmore)는 일본을 개국시키기 위해 동인도함대 사령관 매튜 페리(M. Perry)에게 친서를 맡겨 파견하였다. 네덜란드 국왕은 페리 함대의 일본 원정 사실을 에도막부에 통보해 재차 개국을 권고했다. 페리의 함대는 1853년 6월 에도만의 우라가 앞바다에 도착하여 10일간 시위를 하였다. 3천 톤 급 증기선 2척을 포함한 군함 4척에 병사 1600여 명이 탑승하고 있었으며 탑재된 대포가 100여 문이었다. 페리 함대의 출몰에 놀란 에도막부는 일단 미국 대통령의 친서를 접수한 뒤 이듬해 봄에 회답할 것을 약속하고 페리를 돌려보냈다. 일본 각지에는 페리 함대의 내항 소식이 급속히 퍼졌다. 처음 보는 거대한 서양 증기선을 '흑선(黑船)'이라고 부르며 위기감이 확대되었다.

일본에서 물러나 류큐를 거쳐 중국에 머물던 페리는 1854년 1월 군함 7척을 이끌고 다시 우라가 앞바다에 나타나 조약체결을 요구했다. 에도막부의 수뇌는 미국의 요구를 받아들여 미국과 조약을 맺고 문호를 개방하기로 결정하였다. 이렇게 해서 일본이 서양과 맺은 최초의 조약인 미일화친조약이 체결되었다. 1854년 3월 31일 12개 조항으로 체결된 미일화친조약은 현재 요코하마[橫濱]인 가나가와[神奈川]에서 체결되었기 때문에 '가나가와조약'이라고도 불린다. 주요 내용은 ① 미국 선박에 대한 연료와 식량의 공급, ② 시모다[下田]와 하코다테[箱館] 두 항구의 개항, ③ 영사의 주재권 인정, ④ 최혜국대우 조항이 포함되었다. 5월 22일에는 화친조약의 세칙을 정한 총 13개 조항의 시모다[下田]조약도 체결되었다. 이후 영국, 러시아, 네덜란드와도 같은 내용의 조약이 체결되었고, 나가사키 개항이 추가되었다. 이들 조약의 체결은 일본이 200여 년에 걸친 쇄국체제를 풀고 서양식 근대 국제질서에 편입되었다는 것을 의미한다.

3) 미일수호통상조약의 체결

미일화친조약을 통해 일본이 서양 세계에 대한 문호를 개방했지만 아직 통상을 허용한 것은 아니었다. 따라서 1856년 시모다에 영사관을 개설한 미국 총영사 해리스는 지속적으로 막부와 접촉하면서 통상조약의 체결을 요구하였다. 에도막부의 수뇌도 통상조약의 체결은 불가피하다고 판단하였지만, 외국 물품이 수입되면 국내에 혼란을 초래할지도 모르기 때문에 신중히 대처하기 위해 천황의 칙허(勅許)를 받아 각 번(藩)의 반발을 최소화하려 하였다. 그러나 1858년 임시수상 격인 다이로[大老]에 임명된 이이 나오스케[井伊直弼]는 칙허 없이 독단적으로 미국과 통상조약을 체결하였다. 6월 19일 체결된 미일수호통상조약 14개 조의 주요 내용은 다음과 같다. ① 공사와 영사의 상호 교환 주재, ② 기존 개항장 외에 가나가와[神奈川], 나가사키, 니이가타[新潟], 효고[兵庫]의 추가 개항과, 오사카[大阪]와 에도[江戸]를 개시(開市), ③ 수출입품에 대해 일정한 세율의 관세를 부과, ④ 영사재판권의 설정, ⑤ 미국인의 신앙의 자유를 인정, ⑥ 171개월 뒤에 조약을 개정할 수 있다는 것이다. 이 조약은 전형적인 불평등조약으로 관세자주권을 결여하고, 영사재판권을 용인하고 있다. 이러한 미일수호통상조약의 체결 후 일본은 네덜란드, 러시아, 영국, 프랑스와도 연이어 수호통상조약(안세이[安政]5개국조약)을 체결하여 일본 경제는 세계 자본주의 체제에 편입되었다.

4) 개국의 사회 경제적 영향

안세이 5개국조약이 체결되면서 일본은 서양 국가들과 무역을 시작했다. 나중에 개항이 예정된 니이가타와 효고를 제외하고 1859년부터 요코하마(가나가와)항, 나가사키항, 하코다테항이 국제무역항으로 개항하였고, 외국인 거류지가 설치되었다. 그중에서도 요코하마는 전 수출입품의 80%를 거래하는 주요 무역항의 기능을 하였다. 일본의 주요 수출품은 생사와 차, 해산물 등이었고, 주요 수입품은 모직물, 견직물, 무기, 함선, 면사 등이었다. 최대의 무역 상대국은 영국으로 무역 총액의 90%를 차지했다. 이어서 미국, 프랑스, 네덜란드 순이었다. 일본을 개국시킨 것은 미국이었지만 일본이 수입하는 섬유제품과 무기의 세계 최대의 생산국이자 수출국은 영국이었기 때문이다.

서양 나라들과의 무역은 한정된 품목을 중심으로 이루어졌지만 일본 경제에 미치는 영향은 적지 않았다. 값싼 섬유제품의 수입은 국내 상품의 가격을 하락시켰고 생사와 차 등 수출품의 국내 가격은 폭등하였다. 일본의 금과 은의 교환가가 국제가격과 달랐기 때문에 금이 유출되어 금융의 혼란도 초래되었다. 전통적인 교역 중심지인 오사카[大阪] 대신에 요코하마를 중심으로 무역이 이루어지고 신흥 상인이 등장해 생산자와 직결해 교역했기 때문에 기존의 중개상인과 도매상에게 큰 타격을 입혔다. 그러나 막부의 입장에서는 무역을 통해 새로이 관세 수입이 발생함으로써 이것으로 파탄 상태의 막부 재정을 보충하였고 무기와 선박의 구입 등 국방비에 충당할 수 있게 되었다.

에도막부 말기에는 중과세에 의해 농민의 궁핍화가 진행되는 가운데 무역으로 인한 사회적 불안이 초래되었다. 물가폭등으로 인해 실질적 수입이 줄어든 무사들의 불만이 커졌고 그 증오의 화살은 무역 상인과 막부로 향했다. 따라서 개국 이후 점차 '양이(攘夷)'운동이 확산되었다. 개국을 추진한 막부 관료와 외국인에 대한 테러사건과 농민봉기가 곳곳에서 발생하여 위기감과 불안감이 조성되었다.

2. 에도막부의 멸망

1) 새로운 정치세력의 등장

개국으로 인한 혼란과 양이운동의 확산은 지금까지 막부정치를 주도했던 세력과는 다른 새로운 정치세력을 부상하게 만들었다. 천황의 칙허를 받아 통상조약을 체결하려 한 막부의 전략은 오히려 천황의 권위를 높이고 조정(朝廷)의 정치적 대두를 초래하였다. 반(反)막부 청년 공경(公卿)이 등장하였고 막부 권위는 약화되었다. 아울러 반막부적인 존황양이파(尊皇攘夷派)가 조정이 있는 교토로 결집함에 따라 정치활동을 할 수 있는 여건이 갖추어졌다. 개국 후의 상황은 지금까지 막정(幕政)을 독점했던 도쿠가와 가문과 가까운 후다이번[譜代藩]들 외에 막정에서 배제되었던 유력 도자마번[外様藩]과 친번(親藩)세력이 정치 전면에 나설 수 있는 기회를 제공했다. 특히 조슈[長州], 사쓰마[薩摩], 도사[土佐], 히젠[肥前] 등 이른바 서남웅번(西南雄藩)이 부상해 막부를 견제하고 막말의 정국을 이끌었다. 계층적으로 보면 신분이 낮아 막번체제에서 정치적으로 소외되어 있던 하급무사들 또한 근왕운동이나 양이운동에 참여하면서 점차 정치적 입지를 갖추게 되었다. 번(藩) 내에서 실력을 바탕으로 등용되어 번정(藩政)

을 좌우하는 경우도 발생하였고 일부에서는 '지사(志士)'를 자처하며 '탈번(脫藩)'을 감행하여 전국을 오가며 활동하는 자들도 나타났다.

2) 존황양이(尊皇攘夷)운동

미일통상조약의 체결을 통한 일본의 개국은 국내의 정치적 혼란을 초래하였다. 1858년 4월 히코네[彦根] 번주(藩主) 이이 나오스케가 다이로직에 취임했는데 그는 통상조약에 대해 고메이[孝明] 천황의 칙허를 받지 않고 6월에 미국 총영사 해리스와 미일수호통상조약에 조인했다. 유력 번의 번주들은 칙허 없는 조약의 조인을 비난했으나 이이 나오스케는 반대파에 대해 강경하게 대응했다. 양측의 대립은 당시 진행되던 쇼군[將軍] 도쿠가와 이에사다[德川家定]의 후계자 문제와도 얽혀있었다. 이이는 반대파들이 추천하는 쇼군 후보자[一橋慶喜]를 배제하고 자신이 추천하는 후보자[德川家茂]를 독단적으로 쇼군으로 옹립하면서 반대파 번주들을 처벌하였다. 반막부파들은 조정의 권위를 이용해 막부정치를 비난하고 막정에 관여하려 하였으나 이이 나오스케는 반대파에 대한 대대적인 숙청을 단행한 것인데, 이를 안세이의 대옥(大獄)이라고 한다. 이때 조슈번의 양이운동 지도자 요시다 쇼인[吉田松陰] 등 다수의 '지사'가 처형되었다. 이러한 이이 나오스케의 정책은 존황양이파 등 반대 세력으로부터의 강한 반발에 직면했다. 결국 1860년 3월 에도성에 출근하던 이이 나오스케는 양이파 무사들의 습격을 받아 암살되었고 이후 전국적으로 존황양이운동이 격화되었다.

3) 공무합체(公武合體)운동

이이 나오스케의 후임으로는 안도 노부마사[安藤信正]가 로쥬[老中]에 임명되었는데 그는 존황양이운동을 우려해 미일수호통상조약에서 약속한 에도 및 오사카의 개시(開市)와 니이가타·효고의 개항(開港) 연기 교섭에 나섰다. 일본과 조약을 체결한 유럽 각국에 사절단을 파견해 개항·개시를 연기하는 데 성공하였는데, 이는 서양 나라들로서도 무리하게 일본의 개국을 서두르는 것은 오히려 일본인의 반감을 초래할 것으로 보고 일본인의 '양이' 열기가 가라앉기를 기다리는 것이 낫다고 판단한 결과이다. 한편으로 막부는 공무합체(公武合體)운동을 통해 막부의 권위를 되찾으려고 하였다. 1862년 2월 고메이 천황의 여동생인 가즈노미야[和宮]를 새로 취임한 젊은 쇼군 이에모치[家茂]와 정략결혼을 시켰다. 이는 조약 칙허 문제를 둘러싸고 대립하던 조정과 막부가 협조적으로 관계를 전환하는 계기로 작용했다. 그러나 조슈 등 지방에서는 존황양이파가 정권을 장악하는 등 반막부세력이 강해졌다.

존황양이파와 막부가 대립하는 가운데 사쓰마번[薩摩藩]의 실질적 번주인 시마즈 히사미츠[島津久光]는 조정과 막부 사이의 갈등을 해소하기 위해 1862년 4월 교토로 상경하였다. 이어서 칙사(勅使)를 수행하고 에도로 가 막부 조직을 개혁하고 공무합체운동의 추진을 꾀했다. 이러한 과정을 통해 유력 번의 발언권은 강화되었으나 결국 존황양이 세력을 억누르지 못하고 공무합체운동은 좌절되었다. 공무합체파는 1863년 천황의 지지를 얻어 급진파 공경(公卿)을 교토에서 추방하는 8·18정변을 일으켰으나 이듬해 7월에는 존황양이파가 교토에서 세력을 만회하기 위해 긴몬[禁門]

사건을 일으키는 등 양자의 대립은 계속되었다. 한편 존황양이운동을 주도해 온 조슈가 긴몬사건에서 패하자 막부는 바로 각 번에 조슈정벌을 명령하였다. 결국 조슈는 정벌군에 굴복하고 존황양이파 세력은 쇠퇴하였다.

4) '양이'의 실행과 좌절

존황양이파는 막부에 대한 반대만이 아니라 서양 세력에 대한 공격도 실시하였다. 양이파의 거점이라고 할 수 있는 조슈에서는 막부가 약속한 '양이'의 실행일인 1863년 5월 10일을 기하여 시모노세키[下關] 해협을 통과하는 서양 선박에 대해 무력 공격을 가하였다. 1862년 8월 에도에서 교토로 돌아가던 사쓰마번의 시마즈 히사미쓰 일행은 요코하마 부근에서 영국 상인들이 행렬을 가로질러 가자 그들을 쫓아가 살상하는 나마무기(生麥)사건을 일으켰다. 이 사건에 대한 사죄와 배상 등 사후 처리가 이루어지지 않자 영국은 사쓰마번의 본거지인 가고시마[鹿兒島]로 쳐들어가 함포사격을 통해 큰 피해를 입혔다. 1863년 7월에 발발한 이 살영(薩英)전쟁에서 영국 함대도 피해를 입었지만 사쓰마번의 입장에서는 영국의 군사력을 직접 경험하고 급속히 개국론으로 돌아서는 계기가 되었다.

한편, 조슈의 시모노세키 포격사건에 관하여 책임자 처벌과 배상금 교섭이 제대로 이루어지지 않자 1864년 8월 미국·프랑스·네덜란드·영국이 4국 연합함대를 조직해 조슈를 직접 공격했다. 조슈번은 해안포대를 통해 연합함대에 포격을 가했으나 화력의 열세를 극복하지 못하고 패전하여 각 포대는 파괴되고 연합군에 의해 점령당했다. 이렇게 조슈번은 서양의 군사력을 직접 체험하고 양이가 불가능하다는 것을 실감하게 되었다. 이후 사쓰마번과 조슈번은 서양의 실상을 파악하기 위해 유학생을 파견하고 개국도막(開國倒幕)으로 번의 노선을 전환하게 된다.

5) 에도막부의 멸망

실전을 통해 서양의 군사력을 체험한 뒤 양이가 실현 불가능하다는 것을 깨달은 사쓰마와 조슈는 막부를 타도하고 조정을 중심으로 새로운 정권을 수립한다는 도막(倒幕)노선으로 기울어졌다. 그 결과 1866년 1월 도사[土佐] 출신의 사카모토 료마[坂本龍馬]가 주선하여 조슈번의 지도자 기도 다카요시[木戸孝允]와 사쓰마의 유력자 오쿠보 도시미치[大久保利通], 사이고 다카모리[西鄕隆盛]가 모여 체결한 삿초동맹[薩長同盟]이 성립했다. 막부에 대항하는 양대 세력인 사쓰마와 조슈가 힘을 합쳐 막부를 타도하고 천황 중심의 신정부를 구성하기로 합의한 것이다. 막부도 정치개혁의 필요성을 느끼고 천황을 중심으로 통일국가체제를 구축하려는 대정봉환(大政奉還)을 단행했다(1867.10.). 그러나 대정봉환은 쇼군 가문인 도쿠가와[德川] 씨가 앞으로도 대군(大君)으로서 정부의 핵심에 자리잡고 정권을 움직이려는 것이었으므로 도막파가 이를 인정할 수는 없었다. 1867년 12월 9일 사쓰마·조슈번과 도막파 공경은 천황의 이름으로 '왕정복고(王政復古)의 대호령(大號令)'을 발포하여 에도막부의 폐지와 신정부의 성립을 선언함으로써 이에 불복하는 막부 측과 내전[戊辰戰爭]에 돌입했다.

교토 부근에서 시작된 내전은 얼마 지나지 않아 신정부군의 우세로 기울었다. 신정부군의 군사력이 우세했을 뿐만 아니라 쇼군이 에도로 후퇴하였고 신정부에 가담하는 번들이 많아졌기 때문이다. 막부 측은 쇼군 요시노부[慶喜]를 처벌하지 않는 조건으로 신정부군의 에도 무혈입성에 합의했다. 이어서 해군 함대를 이끌고 홋카이도로 이동한 막부 잔여 세력과 서남웅번이 주도하는 신정부군에 대항하는 동북 지역군과 전투가 이어졌지만 신정부군이 단기간에 일본열도의 대부분을 장악하고 전쟁에서 승리하였다. 내전의 결과 260여 년간 이어진 막번체제는 붕괴되고 '왕정복고'를 통해 천황을 중심으로 한 중앙집권국가가 탄생하게 된다.

3. 근대 일본의 서양체험

1) 막말사절단

일본이 개국 이후 약 10년간의 정치적 변동을 거쳐 단기간에 국가체제의 변혁을 달성한 배경에는 많은 일본인이 직접 구미로 건너가 서양 근대문명을 견문한 서양체험이 있었다. 1860년대에 주로 외교적인 임무를 띠고 구미 지역에 파견된 5대 사절단을 비롯한 많은 사절단·시찰단·조사단이 있었으며 막부 및 웅번에서 파견한 유학생을 비롯해 다양한 경로로 관비·사비 유학생이 구미 지역으로 건너갔다. 근대 전환기에 서양 근대문명을 직접 견문한 다양한 사례의 서양체험은 일본의 서양문명 수용과 근대국가 형성에 큰 영향을 미쳤다고 할 수 있다. 이하에서는 5대 사절단과 유학생을 중심으로 막말 시기 일본인의 서양체험에 대해 살펴보겠다.

1860년 에도막부는 미일수호통상조약의 비준을 위해 신미 마사오키[新見正興]를 대표로 77명의 사절단을 미국에 파견하였다. 근대 시기에 일본에서 구미 지역으로 파견된 최초의 사절단이다. 이들은 샌프란시스코에 도착한 이후 파나마를 거쳐 수도 워싱턴에 도착했지만 주로 공식행사에만 참석하고 미국 문명의 실태를 충분히 시찰하지 않은 채 양이적 입장에서 부정적인 인상을 받고 귀국하였다.

1862년 존황양이운동으로 일본의 국내정세가 불안한 가운데 에도, 오사카, 효고, 니이가타의 개시·개항 연기 교섭을 위해 유럽으로 파견된 다케우치[竹内保德] 사절단은 서양문명에 관해 본격적으로 견문한 사절단이다. 이 사절단 파견은 외국 견문을 통해 자발적인 개국을 유도하려고 한 영국과 프랑스 공사의 강력한 요청으로 이루어졌다. 파견 목적인 개시·개항의 연기 교섭은 각국에서 성공하였으나 대신에 관세 인하 요구를 받아들였다. 이 사절단에는 수행원으로 후쿠자와 유키치[福沢諭吉]와 후쿠치 겐이치로[福地源一郎], 마쓰키 히로야스[松木弘安] 등 서양통 지식인이 참여하였다. 후쿠자와는 1860년 신미사절단 때에도 일본 선박 간린마루[咸臨丸]를 타고 미국 서부를 견문한 적도 있어, 두 번째 서양체험이었다. 이들은 귀국 후에는 양이운동의 분위기 속에서 외국에서 견문한 사정을 입 밖에 내뱉지 못했으나 막부 외교의 전문집단을 형성하였다. 다케우치 사절단을 통해 형성된 막부 측 인재는 나중에 서양 사정에 밝은 실무형 관료를 필요로 하는 메이지정부에 등용되어 관료 조직의 근간을 이루게 된다.

1863년의 이케다[池田長發] 사절단은 최대 무역항인 요코하마항의 쇄항을 목적으로 유럽에 파견되었다. 요코하마 쇄항에 대해서는 영국공사 러더퍼드 올콕(Rutherford Alcock)을 비롯해 각국 대표 모두가 반대하였기 때문에 당초부터 실현불가능할 것으로 판단되었으나 조정 측의 양이 요구를 완화시키기 위한 시간벌기의 성격이 있었다. 유럽으로 건너간 이케다 사절단은 프랑스에서 요코하마 쇄항에 대해 담판했으나 프랑스 측의 태도가 강경했고 본국의 정세도 유동적이어서 교섭을 단념하고 프랑스에만 체재하면서 서양의 문물을 견문하는 것에 만족했다. 1864년 7월 귀국한 막부는 사절단의 행적을 숨기기 위해 일행의 상륙을 저지하기도 했다. 그러나 사절단에 참여한 사람들은 유럽 견문을 통해 개국론자로 변모했고 유럽의 학술 지식을 습득하기 위한 유학생 파견을 제언하였다.

1866년 러시아로 파견된 고이데[小出秀實] 사절단은 사할린의 국경획정 교섭이 목적이었고 유학생을 동반하여 프랑스를 거쳐 상트페테르부르크로 들어갔다. 그러나 국경 교섭은 원만하게 이루어지지 못하고 사할린에서 러시아인과 일본인의 잡거를 인정하는 '사할린섬 가(假)규칙'을 조인하는 데 그쳤다.

에도막부가 파견한 마지막 사절단은 제2회 파리 만국박람회 참가를 목적으로 한 도쿠가와 아키타케[德川昭武] 사절단이다. 이 사절단은 일본 최초로 만국박람회에 참가하여 일본관을 설치하고 출품하였는데 쇼군을 대신해 쇼군의 동생인 14세의 도쿠가와 아키타케가 대표로 참가했다. 일본자본주의의 아버지라 불리는 시부사와 에이이치[澁澤榮一]도 이 사절단에 참가하였다. 이 파리박람회에는 막부 외에 사쓰마번과 사가번이 별도로 참가하였는데 특히 사쓰마번은 '사쓰마류큐국태수정부[薩摩琉

球國太守政府'라는 이름으로 막부와는 별도로 전시를 해 막부 측과 대립하였다. 이 사절단이 일본으로 귀국하였을 때 에도막부는 이미 멸망하고 없었다.

이 밖에도 실무적인 필요에 의해 시찰단과 조사단이 여러 차례 유럽에 파견되었다. 특명이사관 시바타 다케나카[柴田剛中]는 요코스카[橫須賀]제철소의 건설을 위해 기술자와 자재를 조달할 목적으로 영국과 프랑스에 파견되었다. 그는 영·불 양국에 육해군 육성을 위한 지도교관의 파견을 의뢰하고 공업관계 시설을 시찰하며, 1867년 파리 만국박람회의 참가를 준비하였다.

2) 막부와 웅번의 유학생

막부 말기에는 유럽에 다수의 유학생이 파견되어 장기간 체류하면서 서양의 학문과 기술을 습득하고 귀국하여 정부 내외에서 중요한 역할을 수행했다. 최초의 막부유학생은 1862년 9월 나가사키를 출발해 네덜란드로 건너간 우치다 쓰네지로[內田恒次郞] 등 14명의 해군유학생이다. 에노모토 타케아키[榎本武揚], 쓰다 마미치[津田真道], 니시 아마네[西周] 등이 포함되었는데 에노모토는 귀국 후 막부의 해군을 이끌었고 쓰다와 니시는 정치학으로 전공을 바꾸어 수학한 뒤 귀국하여 메이지시대 메이로쿠샤[明六社]를 중심으로 계몽활동을 하는 등 학술계에서 크게 활약했다.

특명이사관 시바타가 귀국한 후 막부의 유학생 파견이 본격화되었다. 1865년에는 러시아의 초대 하코다테 영사 고시케비치의 적극적인 추진으로 유학생 6명이 러시아의 상트페테르부르크로 파견되었다. 그러나 선발된 유학생의 나이가 어렸고 자질도 낮았으며 이들을 맞이하는 러시아 측도 학문적 수준이 낮았고 이들을 적극적으로 대우하지 않아 큰 성과는 없었다.

1866년에는 영국 런던으로 유학생 14명이 파견되었는데 이것은 막부의 본격적인 유학으로 평가받는다. 막부의 고등교육기관인 가이세이조[開成所] 관계자의 자제를 중심으로 시험을 통해 유학생을 선발해 학력수준이 높았다. 나중에 학계와 외교계에서 크게 활약하는 기쿠치 다이로쿠[菊池大麓], 도야마 마사카즈[外山正一], 하야시 다다스[林董] 등이 참가했으며, 인솔자인 나카무라 마사나오[中村正直]는 특출한 연구성과를 내놓은 저명한 학자였다. 이어서 1867년에는 프랑스 파리로 유학생 10명을 파견했으나 얼마 지나지 않아 막부가 와해됨으로써 중도에 학업을 포기하고 현지에서 철수할 수밖에 없었다.

1866년 4월 막부는 학술 및 상업상의 해외 도항을 허가한다는 포고를 내려 공식적으로 해외 유학을 할 수 있게 되었다. 그러나 이미 유럽에는 사쓰마와 조슈 등 웅번(雄藩)이 조직적으로 유학생을 파견하여 막부 파견 유학생과 교류하기도 했다. 조슈에서는 1863년 5월 막부의 허가를 받지 않은 밀항의 형태로 이토 히로부미[伊藤博文], 이노우에 가오루[井上馨], 야마오 요조[山尾庸三], 이노우에 마사루[井上勝], 엔도 곤스케[遠藤謹助] 등 5명이 영국 런던으로 유학을 떠났다. 사쓰마에서는 영국과의 전쟁 이후 개국화친 노선을 확립하고 번 당국의 적극적인 유학정책 아래 1865년 3월 모리 아리노리[森有禮], 사메지마 나오노부[鮫島尚信], 요시다 기요나리[吉田淸成] 등 19명의 유학생을 런던으로 파견했다. 조슈의 기도 다카요시[木戶孝允]와 다카스기 신사쿠[高杉晋作], 사쓰마의 고다이 도모아쓰[五代友厚] 등은 영국 상인 글로버를 매개로 협력관계를 맺어 유학생 파견에 협조하였다.

이렇게 막부 말기에는 사절단이나 유학생 등 여러 형태로 서양체험을 한 일본인이 많았다. 이들은 외국에서 서로 교류하며 봉건시대의 할거의식을 버리고 일본이라는 내셔널리티를 공유하며 일본의 국민국가 전환에 대한 필요성을 통감했다. 막말시기 서양체험을 한 인재들은 본격적으로 서양문명을 수용하는 왕정복고 이후 메이지 신정부의 소중한 인적자산이 되었다.

3) 이와쿠라 사절단

메이지 신정부의 수립 이후에도 많은 유학생과 시찰단이 구미 지역으로 파견되었는데 그 가운데 메이지 초기의 대표적인 서양체험은 이와쿠라[岩倉] 사절단이다. 이와쿠라 사절단은 서양 각국에 대한 보빙(報聘)과 불평등조약 예비교섭을 목적으로 1871년 11월 미국과 유럽으로 파견되었다. 이와쿠라 사절단의 특징은 정사와 부사를 비롯한 주요 구성원에 신정부의 지도자가 대거 참여하였다는 것이다. 사절단에 참여한 107명 가운데에는 서양 각국에 파견되는 유학생 43명이 포함되어 있었다. 이와쿠라 사절단은 요코하마를 출발해 태평양을 건너 샌프란시스코에 도착해 장기에 걸친 서양문명 체험을 시작했다. 방문국은 미국과 영국을 비롯해 프랑스, 독일, 네덜란드, 벨기에, 러시아, 덴마크, 스웨덴, 이탈리아, 오스트리아, 스위스 등 12개 국가로, 방문지마다 산업·경제 시설은 물론 정치·군사·종교·통신·과학·교육·노동·의료·복지 등 서양문명의 전반을 구체적으로 시찰하고 견문했다.

　이와쿠라 사절단은 첫 방문지인 미국에서 개통된 지 얼마 되지 않은 대륙횡단철도를 이용해 로키산맥을 넘어 수도 워싱턴을 방문해 조약개정의 교섭에 나섰다. 미 국무성이 다소 긍정적으로 조약개정 교섭에 응하며 전권위임장을 요구하자 부사인 오쿠보 도시미치와 이토 히로부미가 급하게 일본으로 되돌아와 전권 위임장을 받아 갔다. 그렇지만 한 나라와 조약개정에 성공한다 해도 최혜국대우 조항이 있어 다른 나라가 그에 응하지 않으면 무효가 된다는 사실과 서양의 외교 관례에 대한 무지를 깨닫고 조약개정 교섭을 단념했다. 이후 방문한 유럽 국가들은 조약개정에 부정적이었기 때문에 사절단의 일차적인 목적인 조약개정 교섭을 포기하고 보빙과 서양 문물의 시찰에 전념하게 되었다.

　이와쿠라 사절단은 1873년 9월 귀국할 때까지 유럽 각국의 주요 도시들을 순방하면서 국가원수를 알현하고 주요 시설을 시찰·견학했다. 왕실·재정·군사·사법·교육·상공업 등 각 분야를 담당하는 이사관들은 사절단 본진과 별도로 움직이며 관련 제도를 시찰하고 조사했다. 서양 나라들도 일본과의 교역에 관심을 가지며 사절단을 환대하였고 방문시설을 적극적으로 안내했다. 1873년 방문한 오스트리아에서는 마침 비엔나 만국박람회가 개최되어 일본도 출품하였는데 사절단의 지도자들은 만국박람회 시찰을 통해 첨단 서양문명의 성과를 목도했다.

　이와쿠라 사절단은 미국에서 8개월, 영국에서 4개월 등 체류기간이 길어지면서 예정보다 늦은 1년 10개월 만에 귀국했다. 정부의 주요 지도자들이 이렇게 장기간 본국에서 벗어나 해외를 시찰한 것은 세계적으로도 드문 일이다. 일본에 잔류한 지도자들과는 중대한 결정을 할 때는 사절단과 상의하도록 약정했지만 잘 지켜지지 않았다. 그러나 귀국 후 발생한 '정한론 정변'을 통해 사절단에 참여한 이와쿠라, 오쿠보, 기도, 이토 등이 정권의 주도권을 획득한 점도 작용해 이와쿠라 사절단의 서양체험은 이후 일본 정부의 문명개화정책에 큰 영향을 미치게 되었다.

4 메이지[明治] 신정부의 개혁

1) 중앙집권화

'왕정복고'를 통해 에도막부를 타도하고 성립된 메이지 신정부는 고대 율령제를 부활해 막부를 대신하는 중앙정부를 구성했으나 지방에는 아직 다이묘[大名]에 의해 독자적으로 지배되는 번 체제가 유지되고 있었다. 그렇기 때문에 신정부의 긴급한 당면 과제는 번 체제를 해소하고 중앙집권적 통일국가를 형성하는 것이었다.

막부를 타도한 신정부는 구태에서 벗어나기 위해 에도 성[江戶城]을 궁성으로 삼아 천황을 이주시켰으며, '에도'를 '도쿄[東京]'로 명칭을 변경해 수도로 삼고 중앙정부에 해당하는 태정관(太政官)을 설치했다. 이어서 중앙집권체제의 수립을 추진했는데 1869년 과도기적으로 이루어진 것이 판적봉환(版籍奉還)이다. 이것은 신정부 수립을 주도한 사쓰마, 조슈, 도사, 히젠의 네 번주가 자신들이 지배하던 영지[版]와 인민[籍]을 통치권자인 천황에게 반환하는 조치였다. 유력 번이 판적을 봉환하자 다른 번들도 잇달아 판적을 봉환했다. 이를 통해 이전의 번주(藩主)는 지번사(知藩事)로 새로 임명되어 정부의 감독 아래 내정을 담당하게 되었고 번사(藩士)를 정리했다.

이어서 1871년에는 폐번치현(廢藩置縣)의 조서가 내려졌다. 사쓰마, 조슈, 도사 3번(藩)의 군사 1만 명을 중앙정부의 친병으로 삼고 지번사에게 폐번치현을 명하고 지번사를 강제적으로 도쿄로 이주시켰으며 구 번병(藩兵)을 해산하고 무기와 성곽을 몰수했다. 중앙정부는 각 지방에 새로이 부지사(府知事), 현령(縣令)을 파견하였고 과거 지방정부의 관리 역할을 했던 무사들은 직책을 잃었다. 그러나 폐번치현에 대해 지방에서 별다른 반발 행동은 일어나지 않았다. 내전을 통해 신정부의 군사력이 확인되었으며 각 번이 갖고 있던 막대한 부채를 신정부가 떠안았기 때문이다. 또한 지번사에게 충분한 수입을 보장해 주었고 번사들에게도 이전부터 받던 질록(秩祿)을 계속 지급하였다.

이렇게 하여 막부시대의 봉건적 지배체제는 중앙집권적 통일국가체제로 단기간에 전환되었다. 260여 개에 달하는 지방정권인 번은 사라지고 부(府)와 현(縣)을 설치해 중앙정부에서 파견된 관리가 행정과 조세 업무를 맡았다. 아울러 중앙정부의 조직도 삼직제(三職制) 등 초기의 과도기적 관제를 거쳐 근대 태정관제(太政官制)가 정비되었다. 폐번치현 직후 관제개혁을 통해 정원, 좌원, 우원으로 태정관을 구성했다. 정원 아래 각 성(省)을 두어 권력을 집중하고 대신(大臣)-참의(參議)-경(卿)으로 정책 결정과정을 일원화하였다.

2) 신정(新政)의 실시

중앙집권적 개혁을 달성한 메이지 신정부는 서양문명을 수용해 근대적 개혁을 본격적으로 추진했다. 봉건시대의 신분제를 폐지하고 산업을 부흥시켰으며 서양의 근대적 제도를 속속 도입했다.

먼저 무사와 농민, 천민 등으로 엄격히 구분되는 에도시대의 신분제를 혁파하고 사민평등제를 실시했다. 신분 간의 통혼을 허용하고 평민도 성(姓)을 사용할 수 있게 되었다. 한 지역에 고착되어 살아야 했던 속박에서 벗어나 거주 이전의 자유가 허용되었고 천민해방령이 내려졌다. 단발령, 폐도령(廢刀令)이 내려져 무사들의 특권도 사라졌으며 화족, 사족, 평민으로 구분되는 호적제도 실시되었다. 중앙집권체제에서 정부가 국민을 개별적으로 파악하기 위해서는 호적제도의 운용이 필요했기 때문이며, 곧 호적상의 출신 구분도 사라졌다.

정치와 경제, 사회 전반에 걸쳐 서양식 근대 제도의 수용이 이루어졌다. 1872년 도쿄와 요코하마를 잇는 일본 최초의 철도가 개통되었다. 1871년 우편제도가 시행되었고 1873년 1월부터 태양력이 채용되어 전면적으로 실시되었다. 1874년 일본을 종단하는 전신선이 개통되어 세계적인 전신망과 연결되었다. 경제적으로는 신화조례(1871), 국립은행조례(1872)가 발포되어 근대적 화폐제도, 금융·은행제도가 시작되었다. 경찰·법률·재판제도도 근대적인 제도로 재편되었다. 산업의 부흥은 '식산흥업'이라는 이름으로 정부가 재정을 투입해 탄광, 조선소, 제철소, 제사장, 군수공장 등을 건설하는 관영사업이 대규모로 추진되었다. 재정 확보를 위해 사족들에게 지급해 온 봉록(俸祿)을 없애고 금록(金祿)공채를 일괄 지급하는 '질록처분'도 단행되었다. 이러한 신정부의 개혁이 급속히 추진되는 가운데, 이와쿠라 사절단은 서양 근대문명의 실태를 자세히 체험하고 귀국하여 '문명개화' 정책에 큰 영향을 미쳤다.

3) 문명개화

'문명개화'란 신정부가 추진한 신정을 포함해 외모와 음식 등 풍속에 이르기까지 사회 전반의 서양화 풍조를 가리키는데, '야만', '미개'에 대비되는 개념으로 양학자(洋學者) 후쿠자와 유키치가 처음 사용한 것으로 알려져 있다.

신정부가 추진한 문명개화정책 중에서 국민들의 생활을 크게 변화시킨 '학제', '징병령', '지조개정'을 3대 문명개화정책이라고 부른다. 1872년 공포된 '학제(學制)'는 초등학교 의무교육제를 가리킨다. 만 6세에 달한 아동은 모두 학교에서 교육받아야 한다는 것으로 아동노동력이 상실되면서 학비까지 부담해야 하는 농민들에게 큰 부담이 되었다. 이에 초기 취학률은 30% 정도에 머물렀으나 점차 상승했다. 정부로서도 교사(校舍)의 신축, 교과서 제정, 교원 채용 등이 필요해 많은 재정이 드는 사업이었으나 문맹률을 낮추고 국민을 양성하기 위해 서양을 본받아 시행하였다. 이후 중등·고등 교육기관의 개혁도 서양의 제도를 모델로 이루어졌다.

1873년에는 20세 이상의 남성을 대상으로 국민개병을 원칙으로 한 징병령이 공포되었다. 에도시대에 군역을 부담하지 않아도 되었던 농민들에게도 새로운 부담이 되었고 농민과 같이 징병되는 사족의 입장에서는 이전에 누리고 있던 특권의 상실을 의미했다. 징병제는 독일이나 프랑스의 제도를 모방하여 장래를 대비해 군사력을 강화하기 위한 것이었다. 징병군은 서양식 무기로 편제되고 서양식 군사훈련을 받았다. 그러나 당장 전쟁을 벌여야 하는 상황도 아니어서 많은 수의 군인이 필요 없었기 때문에 징병에는 다양한 면제 규정이 적용되었다. 장남이나 독자, 군인, 학생 등에 대한 면제 규정이 있었고, 대인료(代人料)를 지불하면 징병되지 않아 초기의 징병률은 30% 정도에 머물렀다.

신정부는 재정을 안정시키고 조세제도를 개혁하기 위해 1873년 '지조개정조례'를 발포했다. 지조개정은 종래 영지를 경작하던 농민에게 토지의 소유권을 인정하고 지가를 산정해 지권을 발행함으로써 조세의 합리화를 꾀한 것이다. 지조(地租)는 지가의 3%에 해당하는 금액을 쌀 대신 정부가 발행한 지폐로 납부하도록 한 것으로, 조세를 금납화한 것이다. 이로써 정부는 안정적으로 재정을 확보하게 되었다.

문명개화의 풍조는 외모와 음식에도 변화를 가져왔다. 폐도령, 단발령이 내려졌으며, 모자와 구두를 포함해 서양 복장을 착용하는 것이 널리 퍼졌고, 관료와 군인 등을 중심으로 양복이 예복화되었다. 남성이 수염을 기르는 풍조도 유행하였다. 불교의 영향으로 육식을 금하던 일본에 양식이 유행하여 육식을 허용하고 돈까스, 우유, 빵 등이 보급되었다. 거리의 모습에도 변화가 찾아와 도쿄의 긴자 등에는 벽돌로 지은 서양식 건물이 늘어서고 가스등과 가로수가 설치된 길을 마차가 달리는 연와가(煉瓦街)가 만들어졌다.

4) 신정에 대한 반발

신정부가 적극적으로 추진한 신정과 문명개화가 짧은 기간에 급속하게 이루어진 것에 대한 반발도 곳곳에서 일어났다. 학제 실시로 인한 부담에 대한 반발, '혈세'로 인식된 징병령에 대한 거부, 지조개정의 실행에 따른 가혹한 조세 부담에 대한 저항 등 농민들의 반발은 폭동의 형태로 산발적으로 일어났다. 특히 지조개정에 대한 저항은 대규모 농민봉기로 발전해 신정부는 1877년 지조세율을 3%에서 2.5%로 인하하여 농민들의 반발을 무마하였다.

징병령, 폐도령 등으로 특권을 상실한 과거 무사층은 다수가 불평사족으로 전화하였고 1873년의 정한론 정변으로 하야한 지도자들과 결합해 각지에서 사족반란을 일으켰다. 1874년 에토 심페이[江藤新平]를 수령으로 삼아 사가[佐賀]의 난이 일어났으며 1876년에는 구마모토에서 진푸렌[神風連]의 난, 북큐슈에서 아키쓰키[秋月]의 난, 야마구치에서 하기[萩]의 난이 잇달아 발생했다. 1877년에는 사이고 다카모리[西鄕隆盛]를 수령으로 삼아 가고시마[鹿兒島]에서 일어난 반란은 규슈 각지에서 정부군과 전투를 벌이며 세이난[西南]전쟁으로 발전했다. 이들 사족반란은 모두 새롭게 편성된 정부의 징병군에 의해 진압됨으로써 무력을 통한 반정부운동은 종결을 고했다. 메이지유신을 통해 일본은 급속히 서양 문물을 수용하여 근대적 변혁을 이루었지만 거기에는 농민과 사족 등 국민들의 많은 고통과 반발이 따랐던 것이다.

일본 제국주의의 형성

형성

방광석

홍익대학교 교양과 교수

1. 입헌체제의 수립

　19세기 후반 일본의 근대국가 형성은 주변 동아시아 지역에 대한 침략과 병행하여 이루어졌다. 메이지유신 이후 일본이 제국주의로 나아가는 과정을 해명하기 위해서는 국내 정치체제의 변화와 국제관계를 연동해 살펴보아야 한다.

　일본이 서양 열강과 같은 제국주의로 나아가기 위해서는 먼저 서양식 근대국가체제를 수립하는 것이 필요했다. 따라서 주권의 소재와 영토, 국민의 경계가 명확한 국민국가를 형성함과 아울러 자본주의 경제를 정착시킴으로써 경제력을 키우는 것이 불가결했다. 일본은 이러한 시대적 요청에 따라 서양 입헌제를 수용함으로써 정치적 개혁을 진행하는 한편, '만국공법'적 국제질서를 받아들여 외교적으로 자립하고 군사력을 강화시키는 방향으로 나아갔다. 여기에서는 먼저 서양 입헌제를 받아들인 일본이 어떻게 근대국가체제를 수립했는지 살펴보겠다.

　에도[江戶]막부를 타도한 1868년의 왕정복고 이후 일본의 정치체제는 천황이 정사(政事)를 통괄하는 방식이었다. 막부 통치기구를 폐지하고 고대 율령시대의 태정관제를 부활하여 중앙정부기구를 조직하였다. 태정관의 핵심 관직인 대신(大臣)과 참의(參議)가 정책 수립을 주도하였으며 최종적인 결정은 천황이 재가하는 형태였다. 이렇게 해서 메이지유신의 슬로건인 '천황친정' 체제를 구축하였으나, 또 다른 슬로건인 '공의여론'은 제대로 이루어지지 못했다. 태정관과 산하의 행정기관 및 지방 수령 등 주요 관직은 메이지유신을 주도한 특정 지역의 사무라이 출신자가 독점하였고 서남웅번(西南雄藩)을 제외한 많은 지역의 사족들과 인구의 대부분을 차지하는 농민들은 정치에 참여할 수 없었다. 따라서 왕정복고 이후 다양한 계층과 지역 유력자의 정치 참가 요구가 분출되었고 1873년의 '정한론 정변' 이후에는 서양식 의회정치를 요구하는 자유민권운동이 시작되었다.

1) 자유민권운동

1871년부터 1873년에 걸쳐 이와쿠라[岩倉] 사절단이 구미 각국을 순방하고 있던 사이에 일본 국내에서는 조선과의 외교 문제를 둘러싸고 '정한론'이 일어났다. 일본이 보낸 외교문서의 형식을 비판하며 외교 교섭을 거부하는 조선 정부에 대항해 군사력을 동원해서라도 조선을 굴복시키자는 주장이 정한론이다. 당시 사이고 다카모리[西鄕隆盛] 등 일본 정부 수뇌는 정한론을 대(對) 조선 정책으로 결정하고 이와쿠라 사절단에 참가한 정부 지도자들의 귀국을 기다려 동의를 구했으나 이와쿠라, 오쿠보, 기도 등 외국에서 돌아온 지도자들은 정한론에 반대했다. 그들은 조선과 무력 충돌을 일으키는 것에 반대하고 '내치'가 중요하다는 논리를 펼치며 이미 결정된 정책을 뒤집는 천황의 재가를 받아냈고, 반면 자신들의 주장이 불신임받았다고 여긴 정한론 주장자들은 정부에서 하야(下野)하였다. 이것이 이른바 1873년 10월의 '정한론 정변'이다.

정한론 정변으로 하야한 주요 지도자들 가운데 사가[佐賀: 肥前]와 고치[高知: 土佐] 출신자들은 이듬해 1월 '민선의원설립건백서'를 정부에 제출하여 의회를 설립할 것을 주장했다. 그 내용은 당시의 정치권력이 왕실에도, 인민에도 없으며 오로지 소수의 관료가 그것을 독점하기 때문에 문제가 발생한다는 것이었고, 따라서 서양식 의회를 설립해 공정한 정치를 하자는 주장이었다. 이는 가고시마[鹿兒島: 薩摩]와 야마구치[山口: 長州] 등 한정된 지역 출신자가 정권을 독점하고 있는 당시의 상황을 '유사(有司)독재'라고 비판하면서 다양한 세력이 정치에 참가하기 위해서는 서양식 의회정치를 도입할 필요가 있다는 것이었다. 이를 기점으로 이른바 자유민권운동이 시작되었다.

자유민권운동은 이타가기 다이스케[板垣退助], 고토 쇼지로[後藤象二郎] 등 고치 출신자들이 주도하였다. 이들은 1874년에 고치의 사족(士族)을 중심으로 '입지사'라는 정치결사를 설립하였으며 이듬해에는 오사카[大阪]에 '애국사'라는 전국적 운동조직을 만들었다. 이후 세력을 규합하여 정부에 의회 설립을 요구하기 시작했으나 당시 징병령, 폐도령, 질록처분(秩祿處分) 등으로 특권을 상실해 정부에 불만을 품고 있던 많은 사족들은 자유민권운동보다는 무력을 동원한 사족반란에 참여하였다. 따라서 자유민권운동이 본격화된 것은 최후의 사족반란인 서남전쟁(西南戰爭)이 진압된 1877년 이후이다. 더 이상 무력을 통한 정권 전복이 어렵다고 판단한 사족들은 평화적인 방법으로 정부를 압박하는 자유민권운동에 관심을 갖게 되었던 것이다.

1878년 5월 정부의 실질적 최고지도자 오쿠보 도시미치[大久保利通]가 암살된 후, 9월에 전국의 13개 정치결사 대표가 오사카에 모인 애국사 재흥대회는 자유민권운동을 재점화시켰다. 이듬해에는 제2회, 제3회 애국사대회가 열려 청원운동을 통해 국회개설을 요구하기로 결정하였고 1880년에는 국회기성동맹이 결성되었다. 민권파는 각지에서 집회를 열어 세력을 규합하고 연설회를 통해 정부를 규탄하고 국회개설을 요구하는 청원서, 건백서를 제출했다.

이렇게 자유민권운동이 활발히 전개되자 정부는 큰 압박을 받았다. 자유민권운동이 정부 전복운동으로 나아가는 것을 막기 위해 1881년 10월 정부는 그들의 요구를 받아들이는 형태로 '국회개설조칙'을 발표하여 10년 뒤에 의회를 개설하겠다고 약속했다. 당시 정부 내 유력자인 오쿠마 시게노부[大隈重信]가 민간에서 주장하는 조기(早期) 의회개설론과 영국식 정당내각제를 내용으로 하는 급진적인 입헌제 수립론을 주장했기 때문에 정부 수뇌는 정변을 통해 오쿠마를 정부에서 축출하면서 서둘러 프로이센식 대권내각제를 중심으로 한 보수적인 입헌제 수립 방침을 세웠다. 민권파로서는 일단 '국회개설조칙'을 통해 자신들의 주장이 수용되었다고 보고, 이후 헌법 초안을 작성하고 정당을 결성하는 방향으로 나아갔다. 민권파를 비롯해 민간에서 다양한 헌법 초안이 작성되었으며 자유당(1881), 입헌개진당(1882)을 비롯한 정당들이 결성되었다.

2) 정부의 입헌제 대책

한편 메이지정부의 입장에서도 원래 국회 개설과 입헌제 수립에 반대했던 것은 아니다. 여러 세력을 참여시켜 공정한 정치를 행한다는 것[公議政治]을 내세우며 신정부를 수립했기 때문에 메이지정부도 각 지역과 각 계층의 여론을 정치에 반영하려고 하였다. 왕정복고 직후 각 번에서 대표자를 모아 정책에 대한 의견을 자문한 '공의소'를 비롯해 '집의원', '좌원' 등 '공의' 기관이 연이어 설치되었다. 정한론 정변 이후 정부 비판세력을 끌어들여 정권을 재정비한 1875년의 오사카 회의 직후에는 '점차 입헌제수립'을 천명했다. 이는 앞으로 점차적으로 입헌제 수립을 향해 준비하겠다는 방침을 밝힌 것으로, 의회 설립을 준비하는 전 단계로 원로원이 설치되었다. 이 원로원에는 관선 의관이 임명되어 정부의 정책을 심의하는 한편, 1878년부터 1880년에 걸쳐 3차의 헌법초안을 작성하였다. 원로원 헌법안은 정부 수뇌의 의견에 부합하지 않아 결국 폐기되었으나 번벌정권에서도 입헌제 수립을 준비하고 있었음을 보여 주는 것이다.

자유민권운동이 고조되고 있던 1880년 정부 내 실력자들인 참의(參議)들에게 '헌법의견'을 제출하라는 명령이 내려졌다. 참의들의 의견을 모아 입헌제에 대한 정부의 방침을 정하려는 것이었으나 각 참의의 의견은 다양했다. 의회 설치를 반대하거나 먼 훗날에나 의회를 설치하자는 보수적인 의견부터 수년 내에 헌법을 제정하고 의회를 설치하자는 급진적인 의견도 있었으나, 대체적인 의견은 점진적 입헌제 수립론이었다. 참의들의 의견을 바탕으로 정부는 자유민권운동의 주장을 일부 수용하면서 정부 주도로 점진적으로 입헌제를 준비한다는 방침을 결정하였다. 그리고 급진론을 주장하는 오쿠마 참의를 정부에서 축출하고, 이노우에 고와시[井上毅]가 제시한 프러시아식 입헌론을 바탕으로 한 보수적 입헌제 수립론을 확정했다. 이것이 '1881년 정변'이다. 이 정변을 통해 사쓰마와 조슈 중심의 번벌정권으로서의 성격을 강화한 정부는 이토 히로부미[伊藤博文]에게 입헌제 수립을 전담하게 하였다. 이후 일본의 근대 입헌체제는 이토의 주도 아래 구축되게 된다.

3) '제국헌법'의 제정과정

메이지정부에서 입헌제 수립을 전담하게 된 이토 히로부미는 아직 구체화되지 않은 자신의 체제수립 구상을 확정하기 위해 유럽으로 입헌제도 조사를 떠났다. 1882년 독일 베를린에 도착한 이토는 약 1년 동안 유럽의 입헌정치를 시찰하는 한편, 헌법 및 입헌제에 대해 연구했다. 독일의 저명한 헌법학자이자 정치가인 루돌프 그나이스트(Rudolf Gneist)와 그 제자 알버트 모세(Albert Mosse)로부터 프러시아 헌법에 관해 사사하였고 오스트리아의 빈 대학 교수인 로렌츠 폰 슈타인(Lorenz von Stein)을 찾아 입헌정치론을 청강하면서 자신의 체제수립 구상을 확정하였다. 그것은 국가유기체설을 바탕으로 천황에게 통치권을 집중시켜 의회와 정부의 마찰을 완화하면서 안정적으로 입헌제를 운용하려는 보수적 구상이었다.

1883년 9월 귀국한 이토 히로부미는 자신의 체제구상을 바탕으로 국가기구를 개편하는 작업에 착수했다. 먼저 제도조사국을 설치해 궁중개혁을 시작했다. 유럽의 입헌군주제를 모델로 정치적 군주화를 꾀한 것이다. 이전부터 궁중을 장악하고 있던 여관(女官)을 대규모로 정리했으며 사족 출신자로 시종, 시종무관을 배치하고 천황의 정무활동을 제도화했다. 이어서 1884년에는 '화족령(華族令)'을 제정해 작위제(爵位制)를 바탕으로 한 신 화족을 창설하였다. 이것은 독일과 영국의 귀족제를 참고하여 근대 귀족제를 창출한 것으로, 머지 않아 실시하기로 예정되어 있는 일본의 입헌정치에 대비해 상원 의원의 역할을 그들에게 맡기려는 계획 아래 이루어졌다. 또한 1885년 태정관제를 개혁해 내각제도를 만들었다. 주요 관직에 구시대의 신분제적 요소가 남아 있는 태정관제가 근대적 행정부 제도로 부적합하다고 보고, 각 행정부서의 장관의 명칭을 '대신(大臣)'으로 바꾸어 천황에게 직접 정책을 재가받아 실행할 수 있도록 하였으며 내각총리대신이 정무를 총괄하는 제도로 개편하였다. 새로운 내각제 아래에서 최초의 총리대신에는 이토 자신이 임명되었다.

입헌제 실시를 대비한 국가기구 개혁을 마친 이토는 헌법 초안의 기초 작업에 나섰다. 헌법초안 기초작업은 이노우에 고와시를 비롯한 이토의 측근 관료들이 분담하였으며 고용 외국인을 참여시켜 의견을 반영하기도 했으나 이토의 주도 아래 그의 체제구상을 바탕으로 헌법 초안이 작성되었다. 완성된 헌법안은 천황의 임석 아래 추밀원에서 심의되었다. 추밀원은 천황의 최고자문기관으로 1888년 창설된 것으로 헌법안의 심의, 확정이 최초의 업무였다. 이토는 스스로 초대 추밀원장직을 맡았고, 천황의 임석 아래 내각 각료와 추밀원 고문관이 열석(列席)하여 헌법안 심의를 진행하였다. 헌법안은 심의과정에서 내용의 큰 변경은 없었고

자구의 수정 등을 거쳐 1889년 2월 11일 '대일본제국헌법'으로 공포되었다. 이 헌법에 따라 1890년 7월 중의원선거가 실시되었고 이어서 1890년 11월 중의원과 귀족원으로 구성된 양원제 의회가 개설됨으로써 일본은 아시아 최초의 입헌국가로 탄생하였다.

4) '제국헌법체제'의 특징과 구조

이렇게 제정된 '대일본제국헌법(이하 '제국헌법')'을 바탕으로 한 일본의 근대국가체제를 '제국헌법체제' 또는 '메이지헌법체제'라고 한다. '제국헌법'은 민약헌법이 아니라 번벌세력이 주도한 흠정헌법으로 제정되었기 때문에 메이지유신 이래 기존 체제를 유지하려는 보수적인 성격을 갖고 있다. '제국헌법'의 특징을 살펴보면 다음과 같다.

먼저 주요 통치권이 천황에게 집중되어 있다. 천황은 국가원수이며 통치권을 총람하는 존재이다. 의회의 소집해산권, 관료의 임면권, 조약 체결권, 작위수여권, 사면권, 군 통수권 등 국정의 주요 권한이 천황의 통치 대권으로 규정되어 있다. 의회의 법률 제정권, 사법권도 원래 천황의 권한을 위임한 것으로 되어 있다.

국민의 기본권은 보장되나 대부분의 기본권을 법률로 제한할 수 있게 했다. 의회의 법률 제정권을 제약하는 긴급 칙령 제정권이 있으며, 의회의 예산심의권을 무력화하는 전년도 예산시행권이 규정되어 있다. 즉, 의회의 폐회 기간에 법률과 같은 효력을 지니는 긴급 칙령을 정부가 발포할 수 있으며 정부가 제출한 예산을 의회가 통과해 주지 않을 경우에는 전년도의 예산을 시행할 수 있다. 이는 프러시아 헌법을 본뜬 것이다.

행정부의 구성원인 국무대신의 권한에 관해서는 헌법상 기술이 없고, 국민의 대표인 의회가 아니라 천황에게만 책임을 진다고 규정되어 있다. 사법권은 천황의 이름으로 법률에 의해 재판을 행한다고 되어 있어 완전한 사법부의 독립은 보장되어 있지 않다. 아울러 국민의 대표인 중의원 의원의 선출에 관해서는 법률에 위임하고 있는데 초기에는 국민의 극히 일부분인 고액 납세자에게만 선거권이 부여되었다.

제국헌법체제의 구조적 특징은 헌법상에 규정되지 않은 국가기관에 큰 권한이 주어졌다는 것이다. 입헌군주제를 모방하고 있으나 헌법에 왕실에 관한 규정이 없고, 왕실은 '황실전범'의 적용을 받도록 하였다. 왕족을 관리하는 궁내성과 천황의 정치고문에 해당하는 내대신(內大臣)은 헌법의 제약을 받지 않는다. 천황의 군 통수권을 보필하는 참모본부와 군령부에 대해서도 헌법에 규정이 없어 정부와 의회의 통제를 받지 않는다. 나아가 수상 경험자를 중심으로 비공식적으로 천황을 보필하도록 특별히 임명된 원로(元老)들이 국정의 중요한 정책 결정에 관여하였다. 실제적으로 청일전쟁 이후 1920년경까지 개전(開戰) 결정, 식민지 병합, 후계 수상 임명 등 천황의 통치권에 해당하는 중요한 결정은 원로회의가 최종적인 결정기관 역할을 하였다.

이렇듯 제국헌법체제는 근대 입헌주의의 입장에서 보면 많은 문제점을 가지고 있었다. 따라서 이전부터 일본의 헌법체제는 '외견적(外見的)' 입헌제라든가 실제로는 '절대주의' 체제라는 비판을 받아왔고, 그 비민주성, 다원적 국가구조, 무책임 구조로 인해 일본의 민주주의가 진전되지 못하고 침략전쟁을 용인하는 기제로 작용한 측면이 있다. 대일본제국헌법이 한 번도 개정되지 않고 제국헌법체제가 1945년 제2차 세계대전에서 패전할 때까지 장기간 유지되면서 모순이 심화되어 일본이 전체주의화, 제국주의 팽창으로 나아가는 토대로 작용하였다.

2. 근대 일본의 외교와 국제관계

1) 대 서양 외교

일본은 주변 아시아 국가와 마찬가지로 19세기에 들어 서양 제국주의 열강의 침략 위기 속에서 쇄국정책을 포기하고 문호를 개방하여 자본주의 체제와 만국공법 질서에 편입되었다. 그것은 1854년 체결된 미일화친조약을 시작으로 1858년의 미일수호통상조약을 통해 실현되었다. 이후 서양의 주요 각국과도 조약을 체결하였는데, 영사재판권과 협정관세, 최혜국대우 조항이 포함된 불평등조약이었다. 이는 실질적으로 서양 국가와 같은 재판제도, 법률제도, 관세제도가 일본에 갖추어져 있지 않기 때문에 서양의 외교적 관례를 그대로 적용할 수 없다는 논리로 강요된 것이었다. 메이지유신 이후 일본 정부는 많은 외교 분쟁을 통해 불평등조약의 문제점이 드러나자 조약개정의 필요성을 절감했다. 따라서 대 서양 외교에 있어서 불평등조약의 개정은 일본 정부의 최대 과제가 되었다.

왕정복고 이후 메이지 신정부는 외교적으로 에도막부가 맺은 불평등조약을 승계하고 구미 각국에 외교관을 파견하였다. 불평등조약 개정을 위한 최초의 시도는 1871년에 구미 12개 국가에 파견된 이와쿠라사절단이다. 이와쿠라 사절단은 첫 방문국인 미국에서부터 조약개정을 위한 교섭에 나섰으나 서양의 외교 관례에 무지하였고 개별 국가와 조약개정을 하더라도 최혜국조항으로 인해 무력화된다는 사실을 알게 되어 교섭을 포기하지 않을 수 없었다. 이와쿠라 사절단 이후에도 일본 외무성은 지속적으로 조약개정 외교를 전개했다. 시기에 따라 관세자주권 회복에 중점을 두기도 하고 치외법권 해소로 중점을 옮기기도 하였다. 교섭 형태도 개별교섭에서 공동교섭으로 변화되기도 하였으나, 서양 측은 조약개정의 조건으로 외국인 판사 임용, 외국인의 내지잡거 등을 요구하였다. 이를 수용하려는 정부안은 서양 열강에 굴복한 '굴욕외교'라는 국민들의 비판을 받아 좀처럼 조약개정이 달성되지 못했다.

불평등조약 개정을 위한 일본 정부의 장기간의 노력은 마침내 청일전쟁 시기에 결실을 맺었다. 그동안 일본의 조약개정에 가장 부정적이었던 영국이 러시아와의 세계적인 세력경쟁 속에서 일본에 접근하여 조약개정에 적극적으로 나섰던 것이다. 그 배경에는 일본이 법률제도를 근대화하고 입헌정치를 실시하여 '서양국가화'하였다는 현실을 인정한 측면이 크다. 1894년 영국과 일본 사이에 통상항해조약이 체결되어 법적 자주권이 회복되었으며, 1911년 미일통상항해조약이 체결되어 관세 자주권이 회복됨으로써 일본은 불평등조약 개정이라는 외교 목표를 달성하였다.

2) 대 아시아 외교와 갈등

일본의 주변 국가에 대한 외교는 서양 열강에 대한 조약개정을 위한 외교와 대비된다. 일찍이 서양의 만국공법 질서를 수용한 일본은 동아시아의 전통적인 외교방식과는 다른 만국공법의 논리를 적극적으로 이용해 주변 국가에 대한 외교를 전개하였다.

먼저 동아시아 해역의 소국이었던 류큐[琉球] 왕국에 대해서는 독립을 유지할 수 없다고 보고 일본의 영토로 합병하는 정책을 펼쳤다. 류큐 왕국은 17세기 초부터 일본과 조공관계를 맺기는 했지만 중국에도 조공하는 독립국가였다. 일본정부는 1872년 류큐 번(藩)을 설치해 일본 영토의 하나로 간주하고 1874년 타이완 침공사건을 일으켜 류큐가 일본 영토임을 기정사실화하려고 하였다. 오키나와열도 서쪽 도서의 어민이 타이완에 표류되어 선주민에 의해 학살당한 사건을 빌미로, '자국의 국민'이 청국인에 의해 학살당한 것이라 주장하였고, 사건의 책임을 회피한 청국을 대신해 직접 선주민에게 '보복'한 것이다. 청국은 류큐를 독립국으로 보고 일본의 주장을 받아들이지 않았지만 일본은 1879년 오키나와현을 설치함으로써 류큐열도를 합병해 일본의 행정구역에 편입했다. 1894-1895년 청일전쟁의 결과 타이완이 일본에 할양됨으로써 류큐열도는 일본의 영토로 굳어지게 되었다.

메이지유신으로 새로 설치된 외무성은 조선과 새로운 외교 관계를 맺기 위해 교섭을 전개했다. 임진왜란 이후 유지되어 온 쓰시마번[對馬藩]을 통한 간접적인 외교 관계를 중지하고 조선 정부와 직접적인 외교 관계를 맺기 위해 국서를 보냈다. 그러나 국서 내용에 '황(皇)'이나 '칙(勅)' 등의 문구가 들어 있어 중국에 사대하던 조선 정부로서는 받아들이기 어려워 교섭은 난항을 겪었다. 일본 정부 지도자들은 조선 정부가 일본을 무시하고 있다고 여겼고, 이에 정한론이 부상했다. 정한론은 에도막부 말기 조슈 번의 존황양이론자 요시다 쇼인[吉田松陰] 등의 조선 멸시론과 대외 침략론에 기원하는 것인데, 그것이 메이지정부 지도자에 계승되었던 것이다. 1873년 메이지정부의 정한론은 정권의 주도권 다툼으로 발전해 정변을 거쳐 중단되었으나 1875년 운요호사건을 통해 다른 형태로 실현되었으며, 이 사건을 계기로 1876년 조선과 일본은 조일수호조규[이른바 '강화도조약']을 체결하였다. 조일수호조규는 일본이 만국공법 질서를 조선과의 외교 관계에 적용시킨 것으로 불평등조약의 조항이 포함되어 있다.

조일수호조규를 통해 조선을 '개국'시킨 일본은 부산, 원산, 인천에 거류지를 설치하였고 1882년의 임오군란과 1884년의 갑신정변을 통해 조선에 경제적으로 진출하는 등 세력을 확대하려고 하였다. 그러나 이는 청국과의 갈등을 초래했다. 전통적인 조공책봉의 관계를 바탕으로 조선과의 종번(宗藩) 관계를 확대하려는 청국과 군사적인 충돌이 일어남으로써 일본은 조선에서 후퇴할 수밖에 없었다. 갑신정변의 결과 체결된 톈진[天津]조약을 통해 청·일 양국은 조선에서 군대를 철수하기로 하였고 조선에 대한 일본의 영향력은 약화되었다.

갑신정변 이후 일본의 조선 정책은 무력을 통해 한반도에서 청국 세력을 배제하고 일본의 지배권을 확대하는 쪽으로 나아갔다. 민간에서는 조선과의 연대론 대신 '탈아론'이 등장하였고 정부에서는 군사력을 키워 조선을 일본의 세력범위에 넣는 '이익선론'이 조선 정책으로 추진되었다. 마침내 동학농민전쟁을 빌미로 조선에 군대를 파견한 일본은 청일전쟁을 도발함으로써 조선에서 청국의 영향력을 배제하는 데 성공하였다. 그리고 조선을 보호국화하려 하였지만 1895년의 삼국간섭, 명성황후 시해사건 등으로 일본의 의도는 일시적으로 좌절되었다. 이후 군비를 증강한 일본은 1904-1905년 러일전쟁을 통해 대한제국(이하 '한국')을 일본의 지배권 아래에 두는 데 성공했고 대한제국은 보호국화(1905)를 거쳐 1910년 일본에 병합됨으로써 독립을 상실했다. 결국 일본은 서양 열강의 침략 방식을 학습해 주변 국가를 침략함으로써 제국주의화하는 방향으로 나아갔던 것이다.

메이지유신 이후 일본은 청국과의 관계도 새롭게 맺게 된다. 1871년 청일수호조규 및 통상장정을 조인하였는데, 이는 상호 치외법권을 인정하는 대등한 외교관계를 수립한 것이다. 일본은 동아시아의 전통적 국제질서인 조공책봉의 질서에 오랫동안 포함되어 있지 않았기 때문에 만국공법을 바탕으로 한 대등한 외교관계를 맺는 데 걸림돌이 없었다. 1874년 타이완 침공을 둘러싸고 청국과 일본의 외교적 갈등이 일어났지만, 보다 큰 문제는 조선에서의 갈등이었다. 앞서 언급했듯이 갑신정변을 통해 청국과 일본이 군사적으로 충돌하였고 톈진조약의 결과 한반도에서 양국 군대가 철수하였으나, 청국은 위안스카이[袁世凱]를 조선에 주류시키면서 조선에 대한 간섭을 강화시켰고 일본은 한반도를 세력권 아래에 두려 했기 때문에 청국과 일본 사이의 정면 충돌은 불가피했다. 결국 청일전쟁을 통해 한반도를 둘러싼 양국의 갈등은 종식되었다. 전쟁에서 패배한 청국은 시모노세키조약을 통해 일본에 타이완을 할양하고 막대한 배상금을 지불했으며 조선에 대한 종주권을 포기하였다. 이로부터 중국의 반식민지화는 가속화되었고 일본은 열강의 일원이 되어 동아시아에 대한 제국주의적 침략을 전개하게 된다.

3. 일본의 제국주의적 팽창

1) 대외 팽창과 좌절

일본의 제국주의화가 언제부터 시작되었는지에 대해서는 역사적 시점에 따라 다양한 견해가 있으나 본격적인 침략이 행해진 것은 청일전쟁부터라고 보아야 할 것이다. 이전에도 국지적인 침략 행위는 있었으나 해외의 이권을 획득하기 위한 대규모 전쟁은 청일전쟁이 처음이기 때문이다.

일본은 1885년 텐진조약 체결 이후 군비증강정책을 추진했다. 독일을 모델로 참모본부를 설치하고 사단제(師團制)를 채용하면서 육군을 공격적인 편제로 개편하였고, 유럽에서 군함을 구입하여 해군력을 강화했다. 다른 한편으로는 국내적인 대립을 해소하고 헌법을 제정하여 근대국가 체제를 완성함으로써 서양의 침략 위기를 벗어나 국가적 독립을 달성하였다는 자신감을 갖게 되었다. 1890년 11월 제1회 의회에서 야마가타 아리토모(山縣有朋) 수상이 '이익선' 연설을 한 것은 일본이 처한 상황을 상징적으로 보여 주고 있다. 일본열도라는 '주권선'을 유지하기 위해서는 한반도라는 이익선을 확보해야 한다는 것으로 인접한 한반도에 대한 지배권을 획득하기 위해 제국주의정책에 착수하겠다는 의도를 드러낸 것이기 때문이다.

청일전쟁의 도발은 당시 일본 정부의 정치적 위기를 벗어나기 위한 수단이었다. 입헌정치가 시작되면서 중의원에서 다수를 차지한 '민당(民黨)'은 장기간 정권을 독점해 온 번벌 세력에 대항해 군비증강을 위한 예산안 등 정부의 정책에 계속적으로 반대했다. 의회에서 수세에 몰린 정부로서는 별다른 해결책을 찾지 못해 정치적 위기에 빠져 있었다. 그때 천우신조로 다가온 것이 동학 농민군 진압을 위해 청국이 조선에 원군을 파견한다는 소식이었다. 일본 정부는 조선 정부의 요청이 없었음에도 즉각 군대를 파견하고 조선의 국내 문제에 관여하려고 하였다. 동학 농민군이 내전을 중지하였고 청국도 공동 내정개혁 요구를 거부하고 철군하려 하였으나 일본은 일방적으로 청국에 전쟁을 도발했다. 외교적 갈등을 해결하기 위한 것이 아니라 자국의 필요에 따라 명분 없는 전쟁을 일으킨 것이다.

주지하듯이 청일전쟁은 일본의 일방적인 승리로 종결되었고 청국은 랴오둥반도와 타이완을 할양하고 막대한 배상금을 지불하는 시모노세키조약을 체결하였다. 이후 일본의 급속한 세력 확대를 경계한 러시아, 독일, 프랑스의 '삼국간섭'과 무모하게 명성황후를 살해한 '을미사변'으로 인해 일본은 조선에 대한 지배권 확보라는 전쟁 목적을 달성할 수 없었으나, 전쟁 배상금을 바탕으로 군사력을 증강하는 등 '와신상담(臥薪嘗膽)'하며 세력 회복의 기회를 모색해 나갔다.

2) 동아시아의 열강으로

청일전쟁의 승리를 통해 동아시아의 열강으로 등장한 일본은 베베르-고무라각서, 로바노프-야마가타의정서를 체결하여 한반도에서 러시아와 세력균형을 취하며 제국주의적 정책을 전개하였다. 청일전쟁 이후 동아시아는 열강의 침략, 이권 쟁탈이 본격화되는 제국주의 시대에 접어들었다.

러시아와 일본의 관계는 에도시대로 소급된다. 17세기 이후 동방정책을 실시해 시베리아·연해주·알래스카로 진출한 러시아는 사할린·캄차카반도·쿠릴열도를 거쳐 홋카이도까지 진출하였다. 홋카이도와 사할린·쿠릴열도는 주로 아이누가 거주하던 지역이었으나 러시아와 일본이 진출하면서 국경을 확정할 필요가 있었다. 에도막부 말기부터 여러 차례 교섭을 거쳐 1875년에는 사할린은 러시아, 쿠릴열도는 일본 영토로 획정한 교환조약이 체결되어 국경이 정해졌다. 그 이후 양자 사이의 직접적인 대립은 없었으나, 청일전쟁이 끝나고 러시아가 주도한 삼국간섭이 발생했고, 그 결과 조선 정부가 친러시아 정책을 펼치자 러·일 간의 대립이 심화되었다. 특히 시모노세키조약에서 획득했던 랴오둥반도 남단의 뤼순[旅順]과 다롄[大連]을 러시아가 조차하고 만주지역에 대한 침략을 확대하면서 일본은 러시아에 대한 반감을 키우며 가상적국으로 삼아 군비를 증강해 나갔다.

이러한 상황에서 1900년 청국에서는 의화단사건이 발생했는데, 일본은 열강의 일원으로 진압에 적극적으로 나서 열강의 이해를 대변함으로써 '동아시아의 헌병'으로 인정받게 된다. 1902년의 영일동맹은 세계적인 영·러의 대립 속에서 일본이 영국과 힘을 합쳐 러시아와 대결할 수 있는 조건을 제공했다. 일본 내에서는 '만한(滿韓)교한론'을 배경으로 러일협상론을 주장하는 '문치파'와 '만한불가분론'을 바탕으로 전쟁불가피를 주장하는 '무단파'로 세력이 나뉘었지만, 결국 대세는 러시아와 전쟁을 벌이는 쪽으로 기울었다.

1904년 2월 일본의 기습으로 시작된 러일전쟁은 청일전쟁과는 달리 장기전으로 전개되었다. 뤼순 전투가 장기화하여 일본군에 막대한 피해가 발생하였고, 펑톈[奉地]을 점령하였을 때에는 일본의 군사력이 고갈상태에 빠지기도 했다. 다만 러시아 발틱함대의 대부분을 격침시킨 동해해전의 일방적 승리로 인해 일본은 전후 협상에서 유리한 위치를 차지할 수 있었다. 미국의 중재로 맺어진 포츠머스 강화조약(1905.9)에서 일본은 러시아의 만주지역 이권의 이양, 사할린 남부 할양, 한반도에 대한 지배권을 확보하였다. 러일전쟁에서의 일본의 승리는 일본이 서양 열강과 동등한 제국주의 국가로 성장하였음을 의미한다.

러일전쟁 이후 염원하던 한반도에 대한 배타적 지배권을 인정받은 일본은 남만주 지역에도 진출하게 되었다. 러시아와 일본은 만주지역의 세력권을 상호 조정하여 러시아는 북만주와 외몽골, 일본은 남만주와 한반도를 세력권으로 상호 인정하였고, 미국·영국·프랑스 등 다른 서양 열강은 동아시아에서 일본이 획득한 이권을 승인하였다. 이후 동아시아에서 이어져 오던 서양 열강 간의 대결이 종식되고 일·영·러·불의 '4국 앙탕트' 시대가 개막하면서 일본은 '프리핸드'를 갖고 동아시아 국제관계를 주도하게 된다.

3) 일본의 식민지 지배와 한국병합

러일전쟁 이후 일본이 제국주의 국가로 등장하였다는 것은 광대한 식민지를 획득하고 식민지 지배를 시작하겠다는 것을 의미했다. 일본은 청일전쟁으로 획득한 타이완에 이어 러일전쟁의 결과로 사할린 남부를 할양받았으며, 남만주의 조차지와 남만주철도에 인접하는 러시아의 이권 지역을 접수하였다. 또한 러일전쟁 기간을 전후해 가쓰라-태프트협정(1905.7), 제2차 영일동맹(1905.8), 포츠머스 강화조약을 통해 한반도에 대한 배타적 우월권을 승인받았다. 이는 동아시아 지역에서 서양 열강의 식민지 지배와 기득 권익을 승인하는 대가로 이루어진 것이다. 이제 일본은 동아시아의 광대한 지역을 지배하는 '제국'이 되었고 서양 열강과 대등한 위치에서 국제정치에 참여하는 제국주의 국가의 일원이 된 것이다.

서양 열강으로부터 한반도에 대한 지배권을 인정받은 일본은 한국의 식민지화를 가속하였다. 러일전쟁 시기 일본은 한국 정부에 한일의정서(1904.2)를 강요해 한반도를 일본의 군사기지로 삼았으며, 제1차 한일협약(1904.8)을 통해 외국인 고문을 임용함으로써 한국의 재정과 외교를 장악하였다. 또한 러일전쟁이 끝난 뒤 1905년 11월 을사늑약(이른바 '제2차 한일협약')을 체결해 한국의 외교권을 빼앗아 보호국으로 삼고 통감부를 설치해 내정에 대한 간섭체제를 만들었다.

이렇게 하여 한국에 대한 실질적 식민지배를 시작한 일본은 '보호국'에 만족하지 않고 지배권을 강화해 한반도를 일본 영토의 일부로 편입하는 '병합'을 추진해 나갔다. 1907년 헤이그 사건을 계기로 고종을 퇴위

시키고 군대를 해산하여 내정권을 장악한 다음, 사법·경찰권을 획득하고 '병합'에 대한 서양 열강의 승인을 확보한 뒤 1910년 8월 '한국병합'을 단행했다. '한국병합'은 일본의 한반도 침략정책의 최종적인 산물이었고 일본 제국주의가 확립되었음을 보여 주는 것이다.

일본 근대 정당정치의
성립과 붕괴

송병권
상지대학교 아시아국제관계학과 교수

■ 이 글은 다음 책을 기반으로 작성됨. 미타니 타이치로(2020), 『일본 근대는 무엇인가: 정당 정치, 자본주의, 식민지제국, 천황제의 형성』, 송병권·오미정 옮김, 펄사리.

1. 정당정치 성립을 둘러싼 문제

먼저 아래 그림으로 이야기를 시작해 보고자 한다. 이 그림은 1913년 2월에 일본의 정당들이 얼마나 왕성한 활동을 보이고 있었는지를 다소

____ 필자 불상, 「양두구육(羊頭狗肉)」, 『東京パック』 제9권 제5호, 大正2(1913). 02. 10., 3쪽【雑 13-3】) 출처: 일본 국립국회도서관.

풍자적으로 묘사한 한 컷 만화이다. 각 정당(政糖 즉, 政黨)이 서로 가게를 잇달아 내면서 자신들이 입헌정치(立憲政治)의 본가라고 주장하는 장면이다. 그림을 자세히 살펴보면 손님들은 그림에서 일부가 잘려 나갔지만 입헌정(立憲政)이란 간판을 단 가게와 입헌제당 국민당(立憲製糖 國民糖)으로 몰리고 있고, 카쓰라야[桂屋]에서 새로 낸 점포인 신제입헌신정당(新製立憲新政糖)은 양 머리를 내놓고 큰 북까지 둥둥 치며 한창 호객 몰이를 해 보지만 흥행이 되지 않는지 두 명의 경찰이 억지로 사람들을 가게 쪽으로 유도하고 있다.

여기서 일부만 보이는 입헌정은 입헌정우회(立憲政友會)를 가리키며, 입헌제당 국민당은 일본어 발음이 동일한 입헌정당 국민당(立憲政黨 國民黨), 카쓰라야[桂屋]는 카쓰라 다로[桂太郞, 1848-1913] 내각으로 이들이 새로 입헌을 내세워 만든 입헌신정당(立憲新政糖)은 당시 새로 창당한 입헌동지회(立憲同志會)를 가리킨다.

하지만 일본에서 양대 정당이 선거를 거치고 정권교체를 통해 실질적인 정당정치를 구가한 시기는 엄격하게 말하면 가토 다카아키[加藤高明, 1860-1926] 내각이 성립한 1924년부터 이누카이 쓰요시[犬養毅, 1855-1932] 내각이 붕괴한 1932년에 해당하는 약 8년간의 짧다면 짧은 시기이다. 이 시기는 1925년 '보통선거법'이 가결되어 25세 이상 남자의 보통선거가 가능하게 된 것과 깊은 관련이 있다.

이누카이 내각의 붕괴와 함께 근대 일본의 정당정치는 붕괴한 셈인데, 이 8년간에 걸친 정당정치가 어째서 붕괴했는가는 일본 근대 정치사에서 몇 가지 중요한 문제를 제기하고 있다. 여기서 정당정치라는 첫 번째

키워드를 생각해 볼 필요가 있다. 이와 관련해서는 먼저, 메이지헌법 체제하에서 정당정치가 8년이란 짧은 시간 만에 붕괴한 이유를 나치즘의 공세로 붕괴한 독일 바이마르 공화국의 역사와 비교하며 조망하는 것도 방법론적으로 제기될 수 있다.

두 번째로 발생사적인 문제이기도 하지만 메이지헌법 체제하에서 정당내각이, 그것도 복수 정당제가 성립할 수 있었던 이유에 대해서도 고찰할 필요가 있다. 메이지헌법 체제의 입헌주의가 정당정치와 직결되는 것은 아니었다. 오히려 근대 동아시아 정치사 속에서 일본의 복수 정당제는 예외적인 현상이라고 할 수 있다. 메이지헌법이 정당내각적 성격에 반하는 성격을 가졌다는 점에서 보면 더욱 그러하다. 즉, 정당내각 혹은 정당정치라는 측면은 입헌주의라는 부분과 연결해서 이해해야 한다. 입헌주의는 의회제, 인권보장, 권력분립제와 같이 정치권력의 자의적 행사를 억제할 수 있는 제도적 장치를 전제로 한 정치원리라고 할 수 있다. 메이지헌법의 체제 원리도 당연히 헌법인 이상 입헌주의를 표방한 것이라고 할 수 있어 반정당내각적 성격을 띠고 있지만, 입헌주의를 체제 원리로 삼은 메이지헌법 체제하에서 복수정당제가 성립할 수 있었던 당시의 정치사적 상황을 살펴보아야 한다.

세 번째로 일본의 입헌주의 자체에 관련된 문제와 연결해서 이해할 필요가 있다. 메이지헌법 체제에 도입된 권력분립제의 정치사적 특징으로, 양원제인 일본 제국의회에서 중의원과 귀족원의 다수당이 다른 이른바 뒤틀림 현상과 귀족원의 실질적 우위로 인한 정치 불안정성을 들 수 있다.

또 하나는 의회제라는 키워드로, 근대 일본에 왜 의회제가 성립했느냐는 질문이다. 메이지헌법은 1889년 2월 11일에 공포되어, 1890년 11월 25일 제국의회가 처음 소집된 후, 29일 제국의회 제1회 개회식과 함께 시행되었다. 즉, 의회제는 입법자의 의사로서 메이지헌법의 본질적 부분을 이룬다고 할 수 있다. 의회제는 근대사회의 정치적 민주주의의 핵심인 '토의에 의한 통치'의 기초를 구성하는 것이기도 하다.

2. 막번체제의 권력 억제·균형 메커니즘

메이지헌법에 근거를 둔 권력분립제와 의회제가 형식논리적으로 복수정당제 혹은 정당정치로 반드시 이어지지는 않는다는 점을 고려할 때, 정당정치의 출현이 가능할 수 있었던 상황을 살펴볼 필요가 있다. 여기서 통상 아시아적 특성으로 많이 언급되는 동양적 전제정치와는 다른 결을 전근대 일본의 역사 속에서 찾을 수 있다. 즉, 근세 일본의 막번체제하에서 메이지유신 이후 입헌주의가 도입될 수 있었던 역사적 조건이 존재했다는 것이다. 막번체제하에서는 높은 신분과 지위에 따른 명목적 권력과 낮은 신분이지만 행정전문가들의 실질적 권력이 제도적으로 분리되어 있었다. 또한 막번체제의 정치적 특징으로 권력 간 상호 억제·균형 메커니즘을 들 수 있다. 즉 같은 직책에 복수의 관원들이 임명되어 한 달씩 돌아가며 근무하는 월번제로 운영되면서, 쇼군을 보좌하는 특정 인물이나 세력으로 권력이 집중되는 것을 억제하려는 것이었다. 이는 권력

간 상호 억제·균형 메커니즘을 작동시켜 행정에서 쇼군 아래 집정자의 주관성을 배제한 합의제로 운영함으로써, 쇼군의 절대권력을 확보하는 것을 목적으로 한 것이었다. 이를 통해 근세 일본에서 집정자가 발호하는, 높은 문벌 중심의 세도정치가 발생하지 않도록 했다는 것이다. 이러한 메이지유신 이전의 권력 분산 시스템은 일본 의회제의 맹아로 평가받고 있다.

다른 한편으로는 막번체제에서 쇼군도 포함된 상호감시 체제가 작동하고 있었다는 점이다. 모든 직책이 이중으로 얽혀 있어 각자가 서로를 감시하고, 모든 행정기구가 복수제로 운영되었으며, 상호견제를 위한 세부적이고 정밀한 상호감시 기능이 막번체제에서 작동하고 있었던 것이다. 이는 상호불신의 제도화라고도 할 수 있었다. 이러한 막부의 '권력의 억제·균형시스템'은 '토의에 의한 통치'의 '맹아'로 거론할 수 있을 것이다.

3. 막말 위기하의 권력분립론과 의회제론

막부 말기의 개국이 가져온 정치 상황의 근본적 변화는 봉건적 체제의 위기를 가져왔고, 이에 대응하여 권력분립제가 부상했다. 여기서 막부의 마지막 쇼군인 도쿠가와 요시노부[德川慶喜, 1837-1913]의 브레인이었던 니시 아마네[西周, 1829-1897]의 권력분립론을 살펴볼 필요가 있다. 니시는 개국 이후 막번체제의 위기를 타파하기 위해 단행한 대정봉환(大政

奉還) 이후의 위기에 대응하기 위해 「의제초안(議題草案)」을 지었는데, 여기에서 막부와 번 사이의 권력배분을 명확히 하고자 입법·행정·사법으로 나눈 삼권분립제를 제안하였다. 입법권과 관련해서는 도쿠가와 종가인 쇼군과 1만 석 이상의 다이묘로 구성된 상원과, 각 번 대표 1명씩으로 구성된 하원으로 나누고, 쇼군이 상원의장으로 하원 해산권, 상·하원에서의 3표의 지분을 보유하게 하였으며, 오사카에 공부(公府)를 설치하여 이를 행정권의 주체로 삼았다. 이는 입법권과 행정권을 분리하고, 비막번 세력을 입법권 안에 봉쇄함으로써 막부 정권을 유지하며, 군사력으로 각 번의 권력을 제거함으로써 막부의 정치적 생존을 도모하고자 했던 것이었다. 니시는 이런 아이디어를 몽테스키외로부터 얻어, 원래부터 권력분립론을 받아들이기 쉬운 구조라고 생각했던 막번체제에 적용하려 했다.

쇄국을 포기한 막부에 대해 존황양이론이 대두하며 막부에 대한 비판은 커져만 갔고, 이에 대해 막부는 새롭게 체제 정당성의 근거를 밝혀야 하는 위치에 몰렸다. 막부는 전통적 지배에서 소외되었던 천황 중심의 조정을 체제 내로 편입시켜 '권위'와 '권력'의 일체화를 꾀하는 칙허(勅許)와 함께, 막번체제의 보완물로 정책의 결정과정에서 소외되었던 다이묘의 의견을 포함할 중의(衆議)를 고안하여 '관습의 지배'에서 '토의에 의한 통치', 즉 입헌주의로의 역사적 이행의 가능성을 보여 주었다. 여기에서 공의(公儀, 즉 막부의 권력)에서 공의

___ 니시 아마네

64

(公議, 즉 의회제)로의 지배정당성의 근거가 이행되었다고 볼 수 있다.

의회제 도입이라는 전략은 비막부계에서도 등장했다. 막번 연합정권의 상징이었던 참예회의(參預會議)의 해체 이후, 막부계와 대립했던 삿초 연합[薩長連携]을 중심으로 각 번의 권력을 넘어선 공의(公議, Public Opinion)가 형성되었다. 정권을 유지하고 군사력으로 각 번의 권력을 제압하려는 막부에 대항하여 유력한 번으로 구성된 웅번연합(雄藩聯合)에서는 무력으로 막부를 타도하자는 무력도막론이나 권력의 평화적 이행론이 등장했지만, 양자 모두 막부 해체 이후의 정치체제로 의회제를 도입할 것을 주장했던 것이다. 이런 측면에서 서로 대립했던 막부 측, 반막부 측 모두 공의(公議), 즉 의회제 도입을 구상했던 점에서는 동일했다고 볼 수 있다.

4 메이지헌법 체제하 권력분립제와 의회제의 정치적 귀결

메이지헌법 제3장 '제국의회'에는 의회제 관련 내용이 나열되어 있으며, 그 중요 조목은 다음과 같다.

제33조 제국의회는 귀족원과 중의원의 양원으로 이를 성립시킨다.
제34조 귀족원은 귀족원령이 정하는 바에 따라 황족과 화족 및 칙임된 의원으로 이를 조직한다.
제35조 중의원은 선거법이 정하는 바에 따라 공선된 의원으로 이를

조직한다.

[…]

제51조 양 의원은 이 헌법 및 의원법이 정하는 이외의 내부의 정리에 필요한 제 규칙을 정할 수 있다.

여기서 알 수 있듯이 제국의회는 귀족원과 중의원으로 구성된 양원제로, '귀족원령', '중의원에 관한 의원법', '중의원의원선거법'이 헌법 부속법령으로 간주되어 개정이 필요할 경우 추밀원의 자순(諮詢)을 거치도록 했다. 1890년 7월에 제1회 총선거가 실시되었고, 11월 29일에는 제국의회가 발족하면서 의회제는 메이지헌법 체제 전체에서 커다란 비중을 차지하게 되었다. 그런데 메이지헌법의 기초자들은 사실 의회제에 대한 강한 경계심을 품고 있었으며, 실제로도 의회는 예산안과 법률안의 사실상의 생사여탈권을 보유하는 등 강력한 권력을 쥐게 되었으므로, 의회제를 통해 대두할 정치세력을 억제할 방법을 구상하게 되었다.

의회제는 메이지유신의 산물이었지만, 메이지유신의 이념은 왕정복고에 있었다. 따라서 메이지유신의 정치적 이념은 천황을 대행하는 패자(霸者)의 배척이자, 패자의 거점인 패부(霸府), 즉 막부적 존재의 배척을 의미하였으므로, 이를 위한 권력분립제는 천황주권과 동전의 양면을 이루고 있었다. 메이지헌법 제정의 중심인물이었던 이토 히로부미[伊藤博文, 1841-1909]가 의회는 패부가 되어서는 안 된다고 강조했던 것은 이런 맥락이었다.

메이지헌법이 상정한 권력분립제는 막부적 존재의 출현을 방지하기

___ 제국의회

위한 제도적인 장치였다. 이렇게 패부
배척론은 권력분립제 이데올로기로서
의 통수권의 독립이나 사법권의 독립과
도 연계되었다. 다시 말해서 집권적이
고 일원적으로 보이는 천황주권, 즉 천
황대권(天皇大權)의 배후에는 분권적이
고 다원적인 다양한 국가기관의 상호
균형·억제 메커니즘이 작동하도록 설
계되었던 것이고, 그것은 입법·사법·

___ 메이지 헌법

행정의 분리와 통수권의 독립 등으로 구성된 권력분립제와도 연결되었
던 것이다. 이러한 엄격한 권력분립제는 입법과 행정이란 두 가지 기능
을 연결하는 정당내각을 처음부터 배제하려는 지향점을 보였다. 이런 점
에서 메이지헌법 자체가 반정당내각적 성격을 가지고 있었다고 할 수 있

다. 이를 반영하여 당시 대표적인 반정당내각론자인 헌법학자 호즈미 야쓰카[穗積八束, 1860-1912]는 입법과 행정이 결합한 영국의 의원내각제를 전제정치라고 비판하였고, 그의 제자 우에스기 신키치[上杉慎吉, 1878-1929]도 법원에 의한 법률심사권을 인정하며, 입법권에 대한 사법권의 독립과 입법권에 대한 견제를 강조하였다.

5. 체제 통합 주체로서의 번벌과 정당

지금까지 이야기한 메이지헌법의 분권주의적 성격은 곧 최종적 권력통합의 제도적 주체가 없다는 의미이기도 하다. 현실 정치에서 천황은 권력 통합의 정치적 역할을 담당할 수 없으며, 천황 통치라는 체제 신화는 현실 속에서는 권력분산이었다고 할 수 있다. 한편, 의회에서 선출되지 않는 수상은 당연히 의회의 지지를 확보할 수 없었으며, 내각의 각 대신에 대한 임면권도 없었으므로 현역 무관으로 임명되는 육군이나 해군 대신은 물론, 개별 각료에 대한 통제력 또한 약할 수밖에 없었다. 따라서 내각의 각 대신은 수상이 아닌 천황을 개별적으로 보좌하며 책임을 지는 구조였으며, 내각 전체의 연대책임도 제도화되지 않았다. 심지어 메이지헌법 조문에는 내각이나 수상에 대한 언급조차 없었다.

이러한 상황 속에서 체제의 규범적 신화와 정치적 현실 사이를 매개할 체제 통합의 주체가 필요했다. 제도상으로 패부, 즉 막부적 존재를 철저히 배제하며 헌법을 유효한 통치수단으로 작동시키려면 막부적 존재를 담당할 어떤 비제도적 주체가 존재해야 했다. 일단 헌법 제정 권력의 중핵이었던 삿초 중심의 번벌로 구성된 원로 집단이 이를 담당하게 되었는데, 원로 집단은 분권성이 강한 다양한 권력주체 간의 균형자로서 기능하였으나, 반번벌세력이 주도하는 중의원을 장악할 수 없었던 한계가 있었다. 번벌은 정당 자체에 부정적이었기 때문에, 스스로 정당을 결성하여 선거에 이길 수 없었고, 따라서 당연히 중의원을 지배할 수 없었던 것이다. 한편, 예산과 법률을 지배하는 중의원을 지배할 수 있었던 정당은 선거에서 이겨 다수당이 되더라도 내각을 장악하여 정권을 획득할 수 없다는 자기모순에 빠지게 되었다.

이와 같은 모순을 해결하기 위해 차츰 번벌과 정당 상호 간의 접근을 시도하기에 이른다. 번벌의 조직력은 원로의 노쇠와 함께 와해되어 갔고, 이를 보완하기 위해 정당화의 길을 걷게 되었다. 그 대표적인 사례는 반정당내각론자로 초연주의를 표방했던 이토 히로부미가 1900년에 입헌정우회 초대 총재가 됨으로써 원로 집단의 정당화가 시작된 것이다. 이에 대항한 반정우회 세력도 귀족원 다수파를 거점으로 정당화의 길을 밟아 입헌동지회, 헌정회, 입헌민정당 등 제2정당 계열로 발전했다. 이렇게 귀족원과 중의원이 대치하는 사실상 복수정당제가 메이지헌법하에서 출현했던 것이다.

체제 통합을 위한 주체가 요청되는 정치적 조건에서 번벌이 그 역할을 수행했지만 반번벌세력이 주도하는 중의원을 장악할 수 없었고, 정당은 다수당이 되어도 권력을 획득할 수 없는 한계에 봉착했다. 결국 정당세력과 번벌세력이 결합하며 실질적인 정당정치가 출현하였으며, 이는 본격적인 입헌정치로의 이행으로 이어졌다. 즉, 반정당적 헌법하에서 국가 통합의 주체로서 정당정치, 즉 '다이쇼 데모크라시' 시기가 출현했던 것이다. 여기서의 데모크라시는 군주정, 귀족정과 대비되는 민주정이라는 하나의 통치체제라고 할 수 있다.

한편, 국제관계사적 맥락에서 보면, 일본의 다이쇼 데모크라시는 미국의 데모크라시(American Democracy)의 한 모습이라고 할 수 있다. 제1차 세계대전 이후 세계적으로 전개된 미국화(Americanization)는 정치, 경제, 문화적인 것이 모두 포함된 것으로, 이것이 일본에도 나타난 것이라고 볼 수 있다. 즉, 다이쇼 데모크라시는 일본에 한정된 국지적 현상이 아니라 세계사의 동시대적인 움직임이었다고 할 수 있는 것이다.

한편, 1930년대 만주사변(1931), 5·15 사건(1932) 등을 거치며 정당정치의 위기가 본격화되었다. 통수권을 배경으로 폭주하는 군부를 의회가 제어할 수 없게 된 것이다. 이는 데모크라시의 위기로 나타났고, 데모크라시에서 분리되어 데모크라시를 대신할 이데올로기로서 '데모크라시

___ 만주사변

___ 5·15 사건 기사

없는 입헌주의', 즉 '입헌적 독재'로 돌입하게 되는 배경이 된다. 당시의 정치학과 행정학 분야에서 첨단을 달리던 로야마 마사미치[蠟山政道, 1895-1980]는 정당정치의 붕괴 이전에 이미 그 몰락을 예견하고, 천황에 의해 정당성을 부여받은 행정권이 위기에 빠진 의회를 대신해 '권위를 가지고 결정할 수 있는 조직', 즉 전문가 지배 조직을 중시하는 입헌적 독재 개념을 제창하며, 일본의 입헌적 독

—— 로야마 마사미치

재는 당시 선진국의 공통현상이었다고 주장했다.

독일 바이마르 헌법 제48조 제2항은 "공안의 안녕질서에 중대한 장애가 발생하거나 발생할 우려가 있는 경우, 라이히 대통령이 [⋯] 기본권의 전부 혹은 일부를 정지할 수 있다"라는 라이히 대통령의 긴급명령권을 규정했고, 영국에서도 1931년 경제대공황의 여파로 보수당과 자유당, 국민노동당, 국민당이 모두 참여하는 이례적인 거국일치 내각이 설립되었는데, 이는 곧 의회 내에서의 '토의에 의한 통치'의 소멸을 의미한다는 것이었다. 미국의 뉴딜정책도 뉴딜러를 중심으로 한 전문가 집단이 기획한 정부의 적극적 시장개입정책이었다고 파악한 로야마는 이에 대해 근대적 의미에서의 입헌주의, 즉 '토의에 의한 통치'를 상징하는 의회제보다 뉴딜 정책을 수행하는 정부의 행정권 확대는 '헌법상 허용되는 극도의 독재권'이 부여된 것이었다고 평가했던 것이다.

5·15 사건으로 붕괴된 내각의 재건과정에서, 군부의 정당내각 거부 의사가 명확해졌다. 메이지헌법 체제의 속성상 현역 무관만이 육해군 대신으로 임명될 수 있다는 군부의 내각 취임 거부는 곧 내각의 구성 자체를 불가능하게 만드는 문제를 낳았고, 이를 통해 군부는 내각에 지속적인 영향력을 행사할 수 있었다. 게다가 육해군 대신은 내각 수상과 병립하여 천황에 직속된 대신이란 점과 군의 통수권이 천황에게 존재한다는 논리에 입각하여 지속적으로 정당정치를 위협하는 존재가 되었다. 군부의 정당내각에 대한 입각 거부의사에 대응하여 양대 정당인 입헌정우회와 입헌민정당이 모두 대신을 충원하여, 거국일치내각을 수립하는 방식으로 성립된 사이토 마코토[齋藤實, 1858-1936] 내각은 로야마가 제창한 입헌적 독재, 즉 결국 의회제 이탈과 그 부정을 의미하는 것이었다. 입헌적 독재 개념에서 말하는 '입헌주의'는 근대적 의미에서의 입헌주의가 아니라 일본의 '국체', 즉 천황제를 중심으로 한 국민의 정치적 형성이란 내재적 원리 위에서 수립해야 한다는 특수한 의미가 부여된 '국민협동체'적인 정치조직으로서의 '국민조직'의 정치원리였다고 할 수 있다. 여기서 입헌주의 개념이 변질되었으며, 이제 더 이상 입헌 데모크라시가 아니게 된 것이었다. 결국 워싱턴회의와 런던군축회의에서의 군축문제와 연결되어 천황에 직속된 군부에 대해 군축 등을 결정할 권한이 없는 내각이 침범했다는 군부의 공격과 청년장교들의 쿠데타 사건인 2·26 사건(1935)으로 거국일치 내각마저도 붕괴하고, 군부의 독주가 허용되었다. 이때 통수권 침범 문제를 둘러싸고 정당정치 자체의 붕괴를 가속시켰던 것은 역시 정당 간의 치열한 정쟁의 산물이기도 했다. 일본 근대의 정당

정치의 몰락과 군국주의의 대두는 결국 전쟁의 소용돌이로 일본을 몰아갔으며, 그것은 정당정치의 부정과 '토의에 의한 통치'의 상실과 다름없었다. 이렇게 분출된 정당정치의 위기는 일본이 파시즘적 정치체제로 나아가는 통로가 되었고, 정당정치의 붕괴로 이어졌다.

일본 근대 자본주의의
형성과 몰락

송병권

상지대학교 아시아국제관계학과 교수

■ 이 글은 다음 책을 기반으로 작성됨. 미타니 타이치로(2020), 『일본 근대는 무엇인가: 정당
정치, 자본주의, 식민지제국, 천황제의 형성』, 송병권·오미정 옮김, 평사리.

1. 자립적 자본주의로 가는 길

일본 근대 자본주의는 자립적 자본주의론과 국제적 자본주의론 사이의 긴장 관계 속에서 형성과 몰락을 경험했다. 후발국으로 출발한 일본의 근대 자본주의는 선진 자본주의 열강의 경제적 지배에서 벗어나려는 자립적 자본주의로 출발하였다. 자립적 자본주의는 경제적 내셔널리즘의 존재와 함께 불평등조약 체제하에서 외채를 확보할 수 없었던 일본의 유일한 선택지이기도 했다.

불평등조약하에서는 관세 자주권이 결여되어 있었기 때문에 무관세 자유무역으로 대외무역이 이루어지고 있었다. 따라서 관세를 담보로 한 외자도입에 어려움을 겪게 된 일본은 외자도입에 의존하지 않는 자본주의를 추진할 수밖에 없었다. 여기에 정치적 내셔널리즘에 연동된 경제적 내셔널리즘도 자립적 노선을 지지하도록 만들었다.

이러한 자립적 자본주의 노선에 따라 청일전쟁 이전에 일본은 선진 산업 기술, 자본, 노동력, 평화라는 네 가지 조건을 국가가 창출해 내었다. 그 주역은 내무성을 추진기관으로 한 국가였고, 국가가 주도하는 자본주의였다. 따라서 자립적 자본주의의 추진자는 정치적 리더이자 경제적 리더이기도 했다. 그 최초의 사례로 사쓰마 출신 내무경 오쿠보 도시미치[大久保利通, 1830-1878]에서 이야기를 시작해 보려 한다.

___ 오쿠보 도시미치

2. 자립적 자본주의의 네 가지 조건

자립적 자본주의의 성립은 ① 정부 주도의 '식산흥업정책'을 시행함으로써 자본주의적 생산양식을 조성했다는 측면, ② 근대적 조세제도의 확립으로 외자에 의존하지 않는 국가자본의 원천을 확보하는 측면, ③ 학제 등을 통한 의무교육제, 개인주의, 실학주의를 교육의 목표로 추진하여 자본주의에 필수적인 노동력을 육성하는 측면, ④ 자립적 자본주의 노선의 핵심인, 군사비 등 과도한 세출의 억제를 위한 대외 평화를 확보하는 측면 등을 그 조건으로 했다고 할 수 있다.

첫 번째로, 정부 주도의 식산흥업정책의 실험을 들 수 있다. 관영사업으로 상징되는 선진 산업 기술의 도입이 그것이다. 그 기점은 1871년부터 1873년에 걸쳐 미국과 유럽을 순회한 이와쿠라 사절단을 들 수 있다. 사절단은 메이지 신정부의 요인들이 주축을 이루었고, 이들이 견문한 유럽과 미국의 선진 문물들은 메이지정부 근대화의 기점이 되었다고 할 수 있다. 여기에 참여한 오쿠보 도시미치는 메이지정부의 정치 지향을 단순

_____ 이와쿠라 사절단 지도부(왼쪽부터 기도 다카요시, 야마구치 마스카, 이와쿠라 도모미, 이토 히로부미, 오쿠보 도시미치)

히 권력을 강화하는 데 두지 않고 국민사회를 근대화, 즉 산업화시키는 데 두어, 자본주의화를 지향하게 하는 중요한 역할을 했다.

오쿠보는 이와쿠라 사절단의 경험을 살려 국가주도의 식산흥업을 실험할 관청으로 내무성을 설치하였다. 대장성에 설치되었던 권업과를 권업료로 승격하여 내무성으로 옮기고, 그 아래에 농무과, 상무과, 공무과 등을 설치하여 식산흥업정책의 추진기관으로 삼았다. 이들 기관은 1881년 농상공성으로 발전하게 된다. 자본주의의 기반인 농업 부문의 근대화를 위해 모범 농장, 특히 먼저 관영 모범 농장을 통해 농지를 개척하고, 관립 농학교를 설치했다. 또한 종축장, 육종장을 개설하고 관립(官

___ 군마(群馬)에 개설된 조슈 도미오카 제사장[上刕富岡製絲場]
당시 일본 정부의 적극적 식산흥업정책의 산물로 비단실을 뽑던 공장이며, 산업화의 상징적 존재로 남아 세계유산으로 등재되었다.

林)을 확보하여, 농업기술의 근대화를 추진했다.

또한 일본 각지에 제사공장(製絲工場), 방적소, 제융소(製絨所) 등 모범 공장을 세워 정부 주도로 공업화를 추진하였으며, 외국 무역상과 외국 해운업자로부터 이권을 회수하여, 내무성 권상국(勸商局)에서 생사, 차 등을 직접 수출하는 관영 모범 무역회사를 설치하였다. 또한 내무성 역체료(驛遞寮) 소속 기선을 민간에 불하하여 설립된 우편증기선미쓰비시회사[郵便蒸氣船三菱會社]를 통해 외국 해운업자를 구축한 후 연해항로, 극동 해역을 장악하는 등 해운보호정책을 추진하였다. 이를 통해 정부 주도로 세계시장에 적응할 수 있는 자본주의적 생산양식을 조성하고자 했다.

두 번째로 국가자본의 원천인 안정적인 세입을 보장하는 조세제도를 확립하였다. 메이지정부는 외자도입에 소극적 자세를 견지하여 재정적 기초를 조세, 특히 지조(地租)에 집중하도록 했고, 이를 통해 외국채 모집

_____ 지조 개정을 위한 측량

을 억제할 수 있기를 기대했다. 이는 불평등조약으로 인해 관세 자주권이 상실되어 낮은 국가신용도로 기채(起債)가 사실상 불가능하기도 했지만, 외채가 고정화됨으로써 외국의 경제 지배가 정치 지배로 이어질 가능성에 대한 경계심이 작동했기 때문이다. 즉, 자국의 자본 부족 상황으로 조세 수입 등 국가자본에 의존해야 하는 조건에서, 경작자와 소유자를 분리하고 토지 소유자에게 조세를 부과하는 지조 개정법을 통해, 개별 토지 소유 농민에 대한 파악과 함께 지가를 확정한 지권을 발행하여, 안정된 조세 수입을 확보한 것이다. 1877년 국가 세입 중 조세 수입은 91.6%였는

_____ 지권

데, 그 중 지조 수입 비중은 82.3%에 달했다. 이는 외국자본에 의존하지 않는 정부 주도의 초기 자본주의화에서 가장 중요한 조건이기도 했다.

세 번째로는 자본주의를 담당할 양질의 노동력을 제공할 공교육 제도의 확립을 들 수 있다. 1872년부터 1873년에 걸쳐 만들어진 교육법령들로 구성된 '학제(學制)'의 교육이념은 신분제를 부정하고, 국가주의를 강조하며 개인주의를 주창하여 이 양자를 통합하는 데 있었다. 국가의 부강은 인민 개개인의 개명 정도에 달렸다는 인식 속에서 문부성은 의무교육제를 발표하여 소학교 설치와 학령 아동의 취학을 강력하게 장려하고 독촉하였다. 1875년에 이르러 남녀 아동의 취학률은 각각 50%와 25%에 달했다.

다른 한편, 개인주의의 확립을 위해 교육의 목표를 개인이 자신의 삶을 제대로 살아내도록 하는 것과 시민 생활에 필요한 '실학'에 두어, 개인주의와 실학주의를 결합하였다. 교권의 강화와 집중, 즉 관료화를 도모함과 동시에, 국민 각 개인의 주체적 능동성의 개발, 즉 자유화를 추진하겠다는 이러한 국가주의와 개인주의의 결합은 모순적 과제이기도 했다. 어쨌든 '학제'로 시작된 일본의 의무교육제도는 자본주의 성립의 필수 조건 중 하나인 양질의 젊은 노동력을 풍부하게 공급하였다고 할 수 있다.

___ 학제

___ 일본 최초의 소학교 가이치학교(開智學校) 교사(ⓒTomio344456)

네 번째로는 자립적 자본주의 노선을 관철하기 위해 자본 축적에 방해되는 비생산적 소비인 대외전쟁을 회피하려는 노력이다. 즉, 청일 간의 전쟁을 회피하여 대외적 평화를 확보하는 것이었다. 1872년에 청국에 조공관계를 유지하고 있던 류큐 왕국을 류큐번으로 강등하여 일본의 속령임을 선언하고, 1879년에는 오키나와현을 설치함으로써 청과의 전쟁 위기가 극도로 고조되었으나, 당시 메이지 천황은 전비 조달을 위한 외채 의존을 경계하며 청일비전론을 지지하였다.

1874년에는 타이완에 표류한 류큐 어민이 원주민에 살해되는 사건을 계기로 발생한 타이완 출병이 발생했으나, 청국과의 전쟁 가능성을 회피하고자 오쿠보 도시미치를 청국의 베이징에 파견하여 일본 출병의 정당성을 인정받는 대신 타이완에서 철수하는 협정에 조인하게 된다. 이러한

___ 타이완 출병

전쟁 회피론은 전쟁 발발시 외채와 인플레가 초래할 국가 재정의 위기를 고려했기 때문이었음은 말할 나위도 없다.

3. 자립적 자본주의의 재정 노선

베이징에서의 교섭으로 일본군이 타이완에서 철수한 상황에 불만을 품은 사족 테러로 1881년에 오쿠보가 암살당한 이후, 소극적 외채정책, 보호주의적 산업정책, 대외적 타협정책을 중심에 둔 오쿠보의 노선을 계승한 사람은 마쓰카타 마사요시[松方正義, 1835-1924]였다. 세이난 전쟁으로 발생한 전쟁비용 조달과 식산흥업정책에 수반된 거액의 재정 지출에 기인한 정화 부족에 대응하기 위해 외채 발행을 주장했던 오쿠마 시게노부

[大隈重信, 1838-1922]의 실각 이후 대장대신에 오른 마쓰카타는 재정 부분에서 외채 발행을 대신할 선택지를 본격적으로 찾아 자립적 자본주의를 실행에 옮겼다.

마쓰카타는 엄격한 긴축재정을 통해 세출을 억제하고, 증세를 통한 세입 잉여를 확보하는 초균형 재정정책을 강행하였고, 동시에 정부 '준비금'이란 명목으로 재정 자금을 운용하여 무역

—— 마쓰카타 마사요시

과 외환 관리를 통해 정화 준비의 증대를 도모하는 적극적 정화공급정책을 추진했다.

또한 1882년 신용 체계를 정비하기 위해 일본은행을 설립하고, 대장성 지폐라는 정부 발행 지폐와 여타 국립은행권을 일원화하여, 재정과 금융의 분리를 추진하였다. 이를 통해 외화에 의존하지 않고 정화 준비를 증대하여, 통화 가치를 안정시키고 신용 제도를 확립했다.

한편, 마쓰카타 재정정책의 특징이 비외채정책과 긴축재정을 전제로 하는 디플레이션 정책인 이상, 산업화 정책을 추진하기 위한 산업 자금의 안정적 공급원은 점차 부족해져 정부 주도의 산업화 노선은 결국 붕괴하였고, 마쓰카타는 관영 시설을 폐지하고 민영화로의 길을 시사하게 되었다.

_____ 일본은행(ⓒ DXR)

4. 청일전쟁과 자립적 자본주의로부터의 전환

불평등조약 아래 놓인 일본에서 자립적 자본주의로의 획기적 전환점이 되었던 것은 1894년 8월 1일에 발발한 청일전쟁이다. 전쟁 발발 보름 전인 7월 16일, 일본은 드디어 영일통상항해조약에 조인하여 영사재판권 폐지 등 사법권의 회복과 함께 수입관세 인상이라는 길을 열어, 불평등조약 해소의 첫걸음을 뗴었다. 특히 수입관세의 확보는 향후 이를 담보로 한 외자도입의 전제가 되는 것이었다. 청일전쟁의 발발과 함께 당시 대장대신 마쓰카타는 외채 모집을 거부하고 디플레이션 정책을 추진했던 기존 노선을 전환하여, 1873년 이래 최초로 신규 외채 모집을 주도하게 되었다. 여전히 외채를 회피해야 한다는 소신을 가지고 있었던 메이지 천황은 '신하가 일으킨 전쟁'이라며 대노했지만, 마쓰카타는 자신의 소신을 바꾸어 전시 재정에 지도적 역할을 수행했다.

이렇게 외채의 적극적 도입으로 재정 노선이 바뀔 수 있었던 이유는 조약개정으로 인해 증대된 관세 수입을 담보로 한 외자도입이 가능해졌다는 점을 먼저 들 수 있다. 또한 청일전쟁에서 승리한 일본은 청으로부터 획득한 막대한 배상금을 기반으로 금본위제를 확립할 수 있었다. 이런 상황 변화는 일본의 경제적 대외 신용을 증대하는 데 막대한 기여를 했다고 볼 수 있다.

5. 러일전쟁과 국제적 자본주의로 가는 결정적 변화

정부 주도의 적극적 산업화 노선을 통해 청일전쟁을 계기로 자립적 자본주의를 확립한 근대 일본은 적극적 외채 유치를 통해 군비증강에 힘썼던 러일전쟁을 거치면서 국제적 자본주의로 나아갔으며, 이는 일본 근대의 자본주의가 세계 자본주의의 한 멤버로 성장한 상징이 되었다. 1905년 2월 10일에 러일전쟁이 발발하자, 일본은 2월 17일 각의(閣議)에서 전쟁비용 조달을 위해 2,000만 파운드를 한도로 한 외채 발행을 결정하였다. 다카하시 고레키요[高橋是淸, 1854-1936] 일본은행 부총재를 뉴욕과 런던에 급파하여 채권 모집을 교섭하여 계약을 체결했던 것을 시작으로 이후 3년간 6회에 걸친 외채 발행으로, 외채 총액은 약 1.3억 파운드(13억

___ 다카하시 고레키요

엔)에 달하게 된다. 이렇게 러일 전쟁 이후 외채 의존도는 비약적으로 증대하였고, 여기에서 일본 자본주의의 두 번째 유형이라고 할 수 있는 국제적 자본주의가 등장했다.

외채는 이후 6배 이상의 양적 팽창을 가져와, 외채를 갚기 위한 외채 발행이 이어져, 일본의 재정과 경제는 외채에 의존하도록 고정되었다. 전쟁으로 획득한 남만주 권익 등의 유지를 위해서는 외채에 더욱 의존해야 했으며, 채권 모집 대상이 영국을 넘어서서 미국, 독일, 프랑스 등으로 확대되었다. 일본은 이제 국제금융망과 그에 밀착한 국제정치망에 깊숙히 포섭되었던 것이다.

러일전쟁을 계기로 일본의 외채 의존도가 질적으로도 양적으로도 급격하게 증대되던 시기에, 다카하시 고레키요가 일본의 국제금융가로 성장했다. 오쿠보 도시미치가 선도한 불평등조약 하에서의 자립적 자본주의의 태내에서 성장한 다카하시는 비록 러일전쟁 전비 조달을 위해 외채 발행 임무를 성공적으로 수행한 바 있었지만, 원래는 자본의 국제적 자유 이동에 적극적인 자유무역에 대해 부정적인 견해를 가지고 있었다. 이런 의미에서 보면, 마쓰카타와 마찬가지로 다카하시도 자립적 자본주의 노선에서 국제적 자본주의 노선으로 전화하는 과도기적 지도자라고 할 수 있다. 두 사람 다 청일전쟁과 러일전쟁이 초래한 새로운 국제 정치·경제 상황에 적응하며, 자신들의 신조에 반해 의도치 않게 일본의 외채 의존도를 비약적으로 상승시킨 장본인이었기 때문이다.

6. 국제적 자본주의 지도자의 등장

러일전쟁 이후 일본은행 내부에서 다카하시에게 발탁된 국제금융 전문가로 이노우에 준노스케[井上準之助, 1869-1932]가 등장했다. 다카하시 당시 일본은행 총재에는 국제금융 전문가로 양성할 목적으로 당시 일본은행 영업국장이던 이노우에를 뉴욕에 파견하였고, 이후 이노우에는 요코하마 정금은행 부두취, 두취를 거쳐 일본은행 총재로 성장하게 된다. 이노우에는 선배격인 다카하시와 달리 불평등조약 아래의 자립적 자본주의 노선과 단절한 청일전쟁 이후의 국제적 자본주의 노선에서 자신의 금융가로서의 경력을 시작했다. 뉴욕 월가의 금융가들과 친밀한 관계를 확보한 이노우에는 모건 상회의 리더였던 라몬트(Tomas W. Lamont)의 신뢰와 지지를 받아 일본의 대외 금융 리더 지위를 확보하였다. 이노우에는 라몬트와의 밀접한 협력관계 속에서 1920년에 성립한 중국에 대한 4개국 차관단 교섭에 임하여, 미국·영국·프랑스 3국은 만몽지역에서 일본의 특권적 지위를 용인

___ 이노우에 준노스케

하나 차관단 공동사업은 하지 않는다는 조건으로 일본의 차관단 가입을 용인하도록 하였고, 그것을 매개로 영미의 국제금융자본과의 제휴를 강화했다. 이에 따라 1920년대 일본은 결정적으로 국제적 자본주의로 전환되었다. 이로써 1931년 만주사변의 발발 직전까지 미영, 특히 미국 자본의 일본 국내 도입이 이노우에와 라몬트 루트를 통해 활발하게 전개되었던 것이다. 미국 자본으로서는 정치·경제적 상황이 불안정했던 중국 시장보다 안정적인 일본을 선호했다고 볼 수 있다. 구체적으로는 동양척식회사 회사채(1923), 관동대지진 복구 공채(1924), 도쿄전등회사채, 금해금 준비금 크레디트 설정(1929), 타이완전력 회사채(1930) 등이 미국 금융시장에서 소화되었다. 이노우에는 국제금융 '제국'의 일원으로 잉글랜드은행, 뉴욕연방준비은행 등 경제 리더들과 '제국'의 가치를 공유했는데, 이것이 이노우에가 활용한 대외 신용의 기초였고, 그것의 기본적인 요소가 국가개입을 최소화하는 금본위제였다. 일본 투자를 증대한 국제자본은 일본의 대외 신용도를 확보하기 위한 긴축재정을 요구했는데, 이는 금본위제를 기축으로 한 국제금융자본 논리의 필연적 요청이기도 했다. 이들의 가치를 공유하며 충실히 따른 이노우에의 존재는 일본 투자를 위한 최고의 담보였다고 할 수 있다. 이노우에가 그토록 금해금 정책에 목숨을 건 이유도 그러한데, 사실 이노우에는 엔의 금태환을 정지시켰던 금 수출 금지를 해금하여 엔화와 금을 다시 연결하려는 금환본위제 도입을 추진했던 것이다.

7. 국제적 자본주의의 몰락

　세계적 대공황을 거치면서, 세계 자본주의 각국은 국가자본 체제로 급선회하였다. 자유무역의 바탕을 이루었던 금본위제의 붕괴에 따른 금해금 정책의 실패 등 국제 금융망의 분단과 함께 국제적 자본주의는 그 한계에 도달했다. 이를 극복하려는 과정에서 세계경제는 지역주의를 표방하는 지역 내 패권 경제 구조로 분단되었는데, 일본의 근대 자본주의도 예외는 아니었다. 일본도 동아시아 평화를 지탱했던 국제협조주의를 포기하였다. 이렇게 세계 각국에는 국제적 자본주의의 붕괴 이후, 국가자본의 시대이자 자유무역이 종말을 고한 전쟁의 시대가 이어지게 된다. 금해금 정책의 실패는 전쟁 체제에 종속된 배외적 자본주의로 변경되었다. 세계대공황은 일본의 국내 경제 불황을 초래했고, 만주사변은 긴축재정의 근간인 군축을 붕괴시켰다. 만주사변 이후 1931년 1월 3일에 이

_____ 만주사변

_____ 세계대공황

노우에를 대장대신으로 한 와카쓰키 레이지로[若槻禮次郎, 1866-1949] 내각이 붕괴한 이후, 금 수출의 재금지가 결정되었으며, 1932년 1월 28일 제1차 상하이 사변의 여파로 영미자본의 일본 이탈이 일어났고, 2월 9일에는 우익 테러로 이노우에가 암살당했다.

이에 따라 국제금융가의 시대는 막을 내렸고, 국가자본의 시대로 접어들게 된다. 영국은 1931년 만주사변 직후에 금본위제에서 이탈하였다. 미국도 뒤를 이어 1933년 금 수출을 금지하고, 뉴딜정책을 실시하여 정부가 경제에 강력하게 개입하였으며, 대외금융에 국가가 주도적으로 개입하였다. 국제적 자본주의는 붕괴하였고, 자유 '무역'은 종말을 보았다. 이러한 과정에서 국제 금융망은 세계 곳곳에서 단절되었고, 국제적 자본주의 그 자체가 붕괴하기에 이르렀다. 일본도 제한적이나마 동아시아의 평화를 지탱했던 국제협조주의를 포기하고, 본격적인 아시아 침략을 시작으로 군부의 독주와 군국주의로 달려가게 되었다.

천황,
그 무엇도 아닌 모든 것의 이름

심희찬
연세대학교 근대한국학연구소 HK교수

1. 텅 빈 중심

필자는 일본에서 10년 이상 생활하면서 지금도 잘 이해가 되지 않는 몇 가지 경험을 한 바 있다. 그중 하나가 '천황'에 관한 일본인들의 인식이다. 동네 이자카야 등에서 일본 지인들과 술을 마시면서 종종 자민당 정권을 비판하는 발언을 한 적이 있는데, 필자의 지인들은 대개 자민당에 비판적인 입장이라서 나의 말에 동조했으며, 다른 손님들의 눈치를 본 적도 없었다. 이자카야의 다른 손님들 대부분은 우리의 자민당 비판에 관심조차 없어 보였다. 그런데 가끔 이야기가 더 멀리 나가서 천황을 비판하는 이야기를 꺼내면, 그때마다 주변 손님들의 눈길이 느껴졌고 같이 자리한 지인들도 약간 멈칫하는 낌새였다. 천황에 대한 비판은 순간적으로 공기를 차갑게 만들었고, 이러한 분위기는 외국인인 필자에게는 약간의 공포로 다가왔다.

역사학을 공부하면서, 또 일본에서 살면서 천황에 대한 필자의 궁금증은 점차 커졌다. 그래서 주변 연구자 동료들에게 천황은 일본을 상징한다고 하는데 대체 그 이유가 무엇인지, 또 천황이란 누구인지에 관해 사적인 자리에서 여러 번 물어보았지만 명쾌한 대답을 들어본 기억이 없다. 일본에는 천황을 다룬 연구가 역사학은 물론 민속학, 신화학, 사회학, 종교학, 문학 등 각 방면에 산처럼 쌓여 있는데 말이다. 한 동료가 천황은 일본의 정신적 유대의 중심이라고 하길래, 그러면 천황은 초월적 신앙의 대상과 유사한 것이냐고 물으니 그건 아니라고 했다. 다른 동료는 천황은 역사적으로 만들어진 존재라고 했다. 그렇다면 근대 이후 창출된 각종 일본의 전통과 비슷한 것이냐고 물으니 조금 다르다고 했다. 어떤 동료는 학교 교육과 대중매체 등의 조작이 지금도 정치 이데올로기로서 천황제가 유지되는 가장 결정적인 원인이라고 했다. 많은 일본인이 교육과 대중매체의 정치 이데올로기에 속고 있는 것이냐고 다시 물으니, 꼭 그렇게만 볼 수는 없고 다른 여러 요인이 함께 작용한다고 했다.

언젠가 필자의 강의를 듣던 학생들에게 천황이 자신에게 어떤 의미를 지니는지 물어본 적이 있는데, 대다수는 별다른 의미가 없고 생각해본 적도 거의 없다고 대답했다. 그렇다면 일본에 천황이 없어도 되는 것 아니냐고 재차 물으니 그건 아니라고 했다. 그 이유는 천황이 없다고 생각하면 왠지 쓸쓸한 느낌이 든다는 것이었다. 없어도 상관없지만 그래도 있는 편이 낫다는 대답도 많았다.

필자의 질문이 잘못되었거나 혹은 단순히 이해가 부족한 탓일 수도 있겠지만, 나는 적어도 내 주변에는 천황에 대해서 아는 사람이 아무도 없다는 결론을 내리기에 이르렀다. 천황이 대체 누구인지, 그리고 천황에 대해 느끼는 자신의 감정을 설명할 수 있는 사람이 없었다. 정확히는 천황에 대한 하나의 공통된 이해가 없었다. 그래서 위에서 소개한 천황에 대한 다양한 대답은 모두 맞으면서 모두 틀린 것이기도 하다. 천황이 무엇인지에 관해 정해진 정답이 없으므로 그에 관한 모든 말은 맞는 말이 되지만, 바로 그 이유로 인해 어떤 말로도 그를 완벽히 설명할 수 없다. 그 무엇도 아닌 모든 것이라는 천황의 독특한 존재론적 위상이 쓸쓸하다던가, 없어도 별 지장은 없지만 그래도 있는 편이 낫다는 모호한 감정을 발생시키는 것은 아닐까?

프랑스의 철학자 롤랑 바르트(Roland Barthes)는 1960년대 후반 일본을 여행하고 『기호의 제국(L'empire des signes)』이라는 책을 펴낸 적이 있다. 이 책에서 바르트는 도쿄의 도시구조가 지닌 기묘함에 대해 다음과 같이 논한다.

> 모든 중앙은 진리의 장이 되어야 한다는 서구 형이상학주의에 따라 우리 도시의 중심부는 늘 꽉 차 있었다. 그 중심부는 눈에 잘 띄는 장소이며 신성함(교회), 권력(사무실), 금력(은행), 상업(백화점), 언어(광장, 즉 카페와 산책로) 등 문명의 가치들이 집결되고 응축되어 있다. 시내로 간다거나 도시 중심부로 나간다는 것은 사회적 '진리'를 접하고 자랑스러운 충만의 '실체'에 참여한다는 뜻이다. [⋯] 내가 지금 말하는 도시(도쿄)에는 중요한 역설이 있다. 이 도시에는 중심부가 있지만 그 중심부는 텅 비어 있다. 이 도시 전체는 금지된 중립의 공간을 빙 둘러싸고 있다. 이곳은 나뭇잎 뒤에 숨겨져 해자의 보호를 받고 있으며, 아무도 본 적이 없는(말하자면 문자 그대로 그가 누구인지 아무도 알지 못하는) 천황이 사는 곳이다. [⋯] 그 중앙부는 권력을 사방으로 퍼트리기 위해서가

아니라 텅 빈 중심부가 도시 전체의 움직임을 유지하기 위해 존재하는 사라진 개념에 불과하다.[1]

여기서 바르트는 서양의 도시와 도쿄의 구조적 차이에 대해서 말하고 있다. 서양의 경우 중심부로 가면 갈수록 중요한 것들이 모여 있는 것에 비해, 도쿄에서는 반대로 중심부가 텅 비어 있다는 것이다. 여기서 비어 있다는 것은 아무 것도 없다는 뜻이 아니다. 도쿄의 중심부에는 천황이 사는 황거(皇居)가 있다. 바르트가 말하려는 것은 '그가 누구인지 아무도 알지 못하는' 천황과 그가 머무는 황거가 텅 빈 중심으로서 도쿄를 떠받

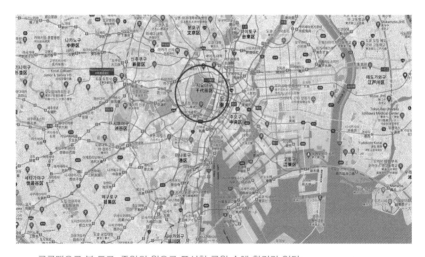

___ 구글맵으로 본 도쿄. 중앙의 원으로 표시한 공원 속에 황거가 있다.

---

1 롤랑 바르트(2008), 『기호의 제국』, 김주환·한은경 옮김, 산책자, 46-47쪽.

치고 있다는 역설이다.

도쿄의 도시구조에 대한 바르트의 감각은 근대 이후 성립한 국민국가 일본의 기묘한 구조에 대한 성찰로 이어지는 실마리를 제공한다. 나아가 필자는 그 기묘한 구조가 일본에만 국한되는 것이 아니라 한국을 비롯한 여러 국민국가의 특징을 살펴보는 일에도 도움을 준다고 생각한다. 천황이라는 수수께끼는 우리 모두가 답해야 할 문제이기도 하다. 이 글에서는 텅 빈 중심으로서의 천황, 그 무엇도 아닌 모든 것으로서의 천황이 대두하는 역사적, 정치적 과정을 소개하고 그 현대적 의미에 대해 조금은 두서없는 이야기를 해보려고 한다. 우선 1868년의 메이지유신을 전후한 격동의 시대로 시계를 돌려 보자.

2. 천황의 욕망

고대 국가의 수장이었으나 불교 반입 이후에는 승려처럼 지냈고, 막부가 성립한 뒤에는 정치적 실권을 상실한 채 교토에서 조용히 지내던 천황에게 19세기 이후 권력 재획득의 기회가 찾아온다. 서구 열강이 동아시아에 진출하여 기존의 지역 질서가 흔들리기 시작한 것이다. 당시 에도막부에 불만을 가졌던 세력은 이를 이용하여 '쿠데타'를 획책했다. 그들은 막부를 공격적으로 비판하고 나섰는데, 그 논리는 크게 두 가지였다. 하나는 막부가 서구 열강에 겁을 먹고 굴종적인 자세를 취한다는 점, 다른 하나는 일본의 정당한 지배자는 천황인데 막부가 그 자리에 앉아 있다는 점이었다. 존황양이(尊皇攘夷), 곧 왕을 모시고 오랑캐를 몰아내자는 슬로건이 여기저기 유행처럼 퍼져나갔다.

당시의 고메이 천황[孝明天皇]은 모처럼 찾아온 기회를 놓치고 싶지 않았다. 미국과의 조약 체결을 앞두고 막부는 드물게 천황에게 승인을 요청했는데, 오랜만에 정책 결정 과정에 의사를 표시할 수 있게 된 천황은 막부의 승인 요청을 거부했다. 조약 체결을 위해 많은 준비를 해 왔으며 지방 영주들의 협조를 통해 천황의 형식적인 승인만 남겨 두고 있었던 막부 입장에서는 어이가 없는 일이었다. 고메이 천황은 만세일계의 황통을 가진 신국(神國) 일본이 서양과 수호통상조약을 체결해서는 안 된다는 논리를 내세웠다. 현실의 국제 정치적 상황을 전혀 이해하지 못한 채 뜬구름 잡는 듯한 발언을 거듭하는 천황에 대해 막부의 관료들과 지역의 유력자들은 정신 나간 소리 그만하라며 비판했고, 당대의 실권자였던 이이 나오스케[井伊直弼]는 조약 체결을 강행했다.

이에 천황은 막부를 거치지 않고 정치개혁에 관한 칙서를 직접 미토번[水戸藩]에 내렸고, 분노한 이이 나오스케는 미토번 인사들을 포함한 100명 이상의 반대파를 숙청했다.

___ 고메이 천황
19세기 중반 일본의 파란만장한 정국에 큰 영향을 끼쳤지만, 본인은 메이지유신 이전에 급사했다.

대립과 갈등이 극에 치닫는 와중에 미토번의 낭인들을 중심으로 한 하급 사무라이들이 백주에 이이 나오스케를 암살하는 사건이 벌어졌다. 피를 피로 씻는 복수극이 일본을 뒤덮고 있었다.

이후 막부의 쇼군[將軍]과 천황의 이복 여동생이 정략결혼을 맺는 등, 정국의 안정화가 기도되었다. 그러나 막부의 지배력 약화는 이미 피할 수 없었고, 결국 1868년부터 이듬해에 걸쳐 펼쳐진 도바·후시미의 전투[鳥羽·伏見の戰い], 보신전쟁(戊辰戰争)에서 승리한 반막부파가 왕정복고를 내걸며 천황을 옹립한 신정부를 수립하게 된다. 이렇게 천황은 근대 일본의 새로운 정치적 중심으로 부상했다. 메이지유신을 전후한 격동의 시대는 일반적으로 보수적인 막부에 대한 개혁적 성향을 지닌 지사들의 투쟁으로 그려지는 경향이 강하지만, 거기에는 천황의 분명한 정치적 욕망도 주요한 요인으로 작용하고 있었다.[2]

3. 법을 말하는 자

천황을 중심으로 새롭게 탄생한 메이지정부는 과거의 '양이'라는 슬로건을 버리고 서구식 주권국가 건설에 매진했다. 이를 위해서는 천황의 정치적 정당성을 주권국가의 틀 안에서 설명할 필요가 있었다. 메이지

---

2 이와 관련된 역사적 경위는 다음의 책에 잘 정리되어 있다. 이노우에 가쓰오(2013), 『막말 유신』, 이원우 옮김, 어문학사.

____ 고대의 수장으로서의 메이지 천황(좌)과 근대적 군주로서의 메이지 천황(우). 하나의 인간과 두 가지 표상으로의 분열.

정부는 왕정복고, 즉 천황이 지배하던 고대국가의 정신을 복원하면서도, 이를 근대 국민국가의 시스템 속에서 실현한다는 모순적인 과제를 껴안게 된 것이다. 그로 인해 천황은 고대의 신정일치적 군주와 서구 근대적 군주라는 두 개의 신체로 분열되었다.

천황의 정치적 정당성과 주권의 문제에 관해서는 김항의 책 『제국일본의 사상: 포스트 제국과 동아시아론의 새로운 지평을 위하여』(2015, 창비)의 2장 「예외적 예외로서의 천황: 근대 일본의 헌법과 주권」에 잘 정리되어 있다. 아래에서는 김항의 분석을 바탕으로 이 점을 살펴보겠다.

메이지정부가 천황을 둘러싼 분열을 봉합하기 위해 그의 신화적 성격을 서구적 '입헌국가' 모델 속에 합치시킬 방안을 모색하는 과정에서 누구보다 큰 역할을 한 사람은 이토 히로부미[伊藤博文]였다. 1882년 헌법제정을 위해 유럽으로 출장을 간 이토는 오스트리아 헌법학의 대가 로렌츠 폰 슈타인(Lorenz von stein)과 루돌프 폰 그나이스트(Rudolf von Gneist)를 만나고, 그들로부터 '군주입헌체'에 관한 중요한 시사를 얻게 된다. 슈타인과 그나이스트가 말하는 군주입헌체는 입법을 초월하여 헌법을 제정하는 군주가 행정부 위에 군림하는 체제를 뜻했는데, 여기서 이토는 영국, 미국, 프랑스 등의 헌법론 수용을 강조하던 민권파를 제압할 실마리를 발견했다. 그리고 1888년 6월 18일 '추밀원 제국헌법 제정의회' 개회식 자리에서 이토는 다음과 같이 발언했다.

> 지금 헌법을 제정하고자 할 때 우리나라의 기축(機軸)이 무엇인지 확정해야만 한다. 기축 없이 정치를 인민의 망의(妄議)에 맡길 경우 제도의 통기(統記)를 잃고 말아 국가 역시 폐망(廢亡)한다. [⋯] 우리나라에서 기축이 될 수 있는 것은 오로지 황실뿐이다. 따라서 이 헌법초안에서는 여기에 중점을 두고 군권(君權)을 존중하여 속박하지 않도록 힘써야 한다.[3]

이러한 논리에 따라 제1조를 "대일본제국은 만세일계의 천황이 이를 통치한다"는 규정으로 장식한 '대일본제국헌법'이 1889년 2월에 공포되

---

3 『樞密院會議議事錄』 제1권(1984), 도쿄대학출판회, 22쪽.

었다. 한국에서 '제○공화국'이라고 할 때 각 공화국 구분의 기준이 개헌 여부에 있는 것처럼(다만 현재는 제6공화국이고 개헌 자체는 총 9차례 이루어졌다), 법치국가에서 헌법은 국가의 이념과 형식에 관한 기본 뼈대 및 틀을 이루는 가장 근본적인 토대가 되는 개념이다. 그러므로 제1조에서 천황을 '주권자'로 규정했다는 사실은 대단히 의미심장한 일이 아닐 수 없다. 서구식 민주주의의 역사에서 일반적으로 주권은 국민이 소유한다고 해석되었다. 국민으로 소환된 존재들은 소유권을 비롯한 각각의 고유한 권리를 가지는 바, 이를 국민의 대표인 정부가 위임받아 통치권을 실시하는 것이 기본적인 구조였다. 그 구체적인 방식에는 계약이나 양도, 혹은 일반의지의 발현 등 다양한 형식이 상정되었는데, 주권의 일차적인 담지자가 국민이라는 점은 크게 다르지 않았다.

그런데 대일본제국헌법에서는 주권의 담지자가 천황으로 규정되었고, 따라서 국가와 국민의 관계 역시 계약이나 약속과는 다른 형태로 전환되었다. 천황은 국민과 법적인 관계를 맺는 것이 아니라, 도리어 그들에게 법을 내려주는 존재였다. 천황은 대통령이나 국회의원처럼 국민의 합의나 선거를 통해 선출된 권력이 아니다. 반대로 국민 그 자체를 생성시키는 원천으로 군림하게 된 것이다. 그러므로 국민은 천황에게 계약·양도의 파기 및 불이행에 관한 책임을 묻거나 비판하는 일이 원칙적으로 불가능했다. 대일본제국헌법 제3조에 의하면 "천황은 신성하여 침범해서는" 안 되는데, 여기서 알 수 있듯이 천황은 법적인 인격(person)이 아니었다. 그런 의미에서 대일본제국헌법은 동등한 법적 인격 사이에서 맺어진 약속이 아니라 법을 초월한 존재가 부여하는 일종의 명령이자 말씀이었다.

하지만 여기에는 중대한 문제점이 해소되지 않은 채 남겨져 있다. 국민이 아닌 천황이 주권자라고 할 때, 그 근거가 애매하기 때문이다. 천황의 말은 어떻게 곧장 법 자체가 될 수 있는가? 천황이 내려 준 법은 그의 사적(私的) 의지의 발로인가, 아니면 공적(公的)인 구속력을 가지는가? 공적인 구속력을 가지는 경우, 천황은 스스로 부여한 그 법의 내부에 자신을 포함하는가? 이러한 물음들에 대한 답은 오직 '우리나라의 기축', '만세일계' 등 공상적인 개념이 될 수밖에 없었다. 천황이 주권자라는 것의 근거를 그가 천황이라는 점 이외에 그 어디에서도 찾을 수 없었기 때문이다. 천황과 주권에 대한 명확한 법학적 정의가 회피된 셈인데, 오늘날까지 천황을 설명할 때 지속되고 있는 '천황은 천황이니까 천황이다'라는 식의 동어반복적 모순, 혹은 '천황은 ○○이 아니며, ○○이 아니며, ○○이 아니며…'라는 식의 부정적 명제의 연쇄만이 되풀이되는 상황은 이때부터 이미 시작되었다고 볼 수 있다.

4. 일본의 '마음'

이와 같이 주권의 근원을 천황제 신화 속에 위치 짓는 시도는 다양한 논쟁을 불러일으켰다. 서구식 법학의 논리를 지지하는 자들은 천황의 사적 명령이라는 형식을 헌법에서 말소하고자 했으며, 전통을 신봉하는 자들은 헌법이 천황의 말이며 국가란 천황의 생명과 몸 그 자체라고 설파

했다. 1910년대 초반 도쿄제국대학 법학부 교수였던 우에스기 신키치[上杉慎吉]와 미노베 다쓰키치[美濃部達吉] 사이에 벌어진 논쟁이 대표적이었다.

우에스기는 천황의 정치적 정당성을 말 그대로 천황이 천황이라는 사실에서 찾고자 했다. 그는 법을 국가권력의 명령이자 절대적이고 무제한의 무조건적 힘으로 규정하고, 도덕에 반하는 일도 국가는 할 수 있다고 강조했다. 그리고 천황이 신민을 통치하는 전통이 바로 일본의 '국체(國體)'인데, 이는 유럽이나 중국에서는 찾아볼 수 없는 일본만의 독특한 역사와 질서라고 주장했다. 대일본제국은 만세일계의 천황이 통치하며 신민은 피통치자라는 간단명료한 국체에 관해서 이리저리 생각하거나 따져 볼 필요도 없다는 것이 우에스기 주장의 핵심이었다. 이에 반해 미노베는 천황을 근대적 법질서의 일부로서 자리매김하고자 했다. 그는 유명한 '국가법인설', '천황기관설' 등을 통해 국가란 권리능력을 가진 법인이며 주권은 그 고유한 권리라고 논하는 한

편, 천황은 이를 행사하는 '최고기관'이라고 주장했다. 이를 통해 미노베는 우에스기가 말하는 신성한 주권자로서의 천황과 그 국체라는 개념을 법의 외부로 몰아내고자 했다.

미노베의 이러한 주장은 우에스기로서는 도저히 받아들일 수 없는 것이었다. 비록 최고기관이라는 표현을 사용하지만, 천황이 주권을 행사하는 기관의 하

＿＿ 우에스기 신키치

___ 미노베 다쓰키치

나라면 그것은 법원이나 경찰 같은 권력 기구와 별반 차이가 없는 것으로 간주될 여지가 있기 때문이다. 반대로 미노베가 보기에는 한 명의 신성한 주권자가 국가를 통치한다는 발상 자체가 현대 문명의 세계에서는 통용될 수 없는 것이었다. 그것은 아직 진보의 단계가 뒤처진 국가에서나 발견될 법한 체제로서 헌법과 법치주의를 완비한 일본에서는 이제 부정되어야 할 과거의 산물이었다.

그런데 미노베의 천황기관설이 결코 천황과 주권에 관해 상세한 법리적 해석을 내린 것은 아니라는 점에 주목할 필요가 있다. 미노베는 비록 국체를 헌법에 규정할 수는 없지만, 이는 국가가 성립하기 위한 근본 조건이 된다는 형용모순에 가까운 주장을 펼쳤다. 주권은 국가에 속하지만, 국체는 국가에 선행하면서 그 토대가 된다는 것이었다. 따라서 국체는 "헌법보다 더욱 존귀한 것"이며 "황실의 존엄, 국민의 충군애국"이야말로 그 기초가 된다.[4] 김항에 따르면 이때 미노베의 의도는 "국체를 헌법을 초월하는 근본 규범처럼 생각"하는 것이 아니라, "국체란 문화적이고 역사적인 '마음'이지, 법이나 정치의 영역에 등장"할 수 없다는 것을 강조하는 점에 있었다. "즉 황실을 존경하고 나라를 사랑하는 마음이야

---

4 美濃部達吉(1912), 『憲法講話』, 有斐閣, 218-219쪽.

말로 '국체'의 요체"이기 때문에 이를 법과 정치의 대상으로 다루면 안 된다는 것이었다.[5]

이렇게 미노베는 천황의 신화적 측면을 반지성적인 마음의 영역으로 환원시킴으로써 입헌체제를 지킬 방법을 찾았다. 법과 국가의 기초를 이루지만 결코 법의 표면에 드러나서는 안 될 일본인의 마음이라는 영도(零度)의 공간 속에 천황을 집어넣은 것이었다. 이는 달리 말하면 신성한 힘에 뒷받침된 주권자라는 괴물을 법질서 안으로 순치시키려는 시도였다고도 할 수 있다. 이로써 천황은 현실에 실재하는 물리적 주권자라기보다 일본인의 마음속에 존재하는 추상적 근원으로 표상되기 시작했다. 살아 있는 픽션이 된 것이다. 그가 어떻게 일본인의 마음속에 존재하는가에 대해서는 "만세일계의 천황에 의해 통치된다는 것은 우리 민족 천고의 확신을 이루는 사실"[6]이라는 증명 불가능한 신화로 설명되었다. 미노베는 명확한 정의를 회피하는 방식으로 천황과 국체를 정의했다.

미노베의 논리는 학계 일반의 주류적 견해가 되었고, 쇼와 천황[昭和天皇] 본인도 이를 정당한 해석이라고 인정했다. 하지만 1930년대 중반 이후 군부와 극우 세력이 힘을 받으면서 미노베의 천황기관설은 불경한 학설로 탄압을 받았다. 파시즘의 창궐은 마음의 영역에 가두어진 주권자의 신성한 힘을 현실 정치에 다시 등장시킬 것을 요구했다. 그 결과 미노베 등이 지키고자 했던 법질서는 붕괴했고 그 자리를 전체주의가 차지했다.

---

5 김항(2015), 『제국일본의 사상: 포스트 제국과 동아시아론의 새로운 지평을 위하여』, 창비, 65-66쪽.
6 美濃部達吉, 앞의 책, 6쪽.

그리고 일본은 새로운 세계사를 쓴다는 명목 아래 전쟁에 돌입했다.

5. 천황, 폐허 속에서 인간을 선언하다

아시아·태평양전쟁에서 일본은 패배했다. 일본 국내는 물론 아시아 각지에 엄청난 상흔을 남긴 패배였다. 주권자이자 국가의 최고 통치자인 천황은 스스로 이 상처와 아픔의 책임을 고스란히 떠맡아야 할 의무가 있었다. 하지만 패전 직후 당시 일본의 위정자들은 소위 '일억총참회론'을 주장했다. 전쟁과 패전이라는 잘못에 대해 일본의 국민 전체가 참회하자는 것이다. 모두의 책임이란 무엇일까? 거꾸로 말하면 아무도 책임을 지지 않는다는 뜻이다. 일본의 위정자들은 책임 소재를 모호하게 꾸미고, 일부 군인들에게 죄를 뒤집어씌움으로써 주권자의 소멸을 저지하고자 했다.

그러나 기존의 억압적인 체제가 무너지는 한편, 이를 대체할 지배담론은 아직 형성되지 못한 폐허의 시공간에서 지금껏 경험하지 못한 새로운 정치의 가능성이 곳곳에서 피어났다. 그것은 "대중이 스스로 살아남기 위해 자신들의 권력을 형성하는" 과정이기도 했다.[7]

일상적 언동에서 세세한 복장까지 감시하고 명령을 내리던 강대한 국

---

7 菅孝行(1981), 『戦後精神』, ミネルヴァ書房, 15쪽.

가권력이 마비 상태에 빠졌으며, 군대는 완전히 붕괴했습니다. [⋯] 그들은 모든 것을 잃어버렸지만, 그 대신 상상력의 자유, 곧 이상적인 사회나 유토피아를 상상할 수 있는 자유를 얻은 것입니다. 모든 것을 빼앗기고 기성의 가치가 무너진 자리에는 분명 어두운 회한과 니힐리즘이 남아 있었습니다만, 이와 동시에 어렴풋한 기대의 지평이 열린 것도 사실입니다.[8]

전쟁과 패전은 많은 사람에게 셀 수 없는 슬픔을 안겨주었지만, 한편으로 폐허의 아나키적 분위기는 '상상력의 자유'와 '어렴풋한 기대의 지평'을 열어젖혔다. 쌀 내놔 운동(米よこせ運動), 암시장, 아이들의 팡팡놀이(パンパン遊び, 아이들이 미군과 미군을 대상으로 한 창부를 따라 하는 놀이), 카스토리 잡지(カストリ雜誌, 주로 성에 관한 퇴폐적인 내용을 다루던 잡지) 등 하층민 사이에서 다양한 문화가 생성되었고, 그 와중에 '민주주의'에 대한 개별적이고 독특한 감각들이 형성되었다. 노동자들은 공장을 장악하는 생산관리투쟁을 벌였고, 농촌 여성의 해방을 부르짖는 목소리도 있었다. 애국의 정열에 불타던 과거를 부정하고 일본이 벌인 죄를 인정하기 위해 정신혁명을 이루자는 주장도 있었다. 점령군의 수장으로서 또 한 명의 천황으로 불렸던 더글러스 맥아더(Douglas MacArthur)의 눈에 일본의 민주주의는 '12세'에 불과한 것으로 비쳤지만, 당시 일본의 아이들이 '데모크라시'를 '데모 쿠라시 이이(그래도 살기 좋다)'라는 일본어로 바꾸어 희화화

8　西川長夫(1988), 『日本の戰後小説』, 岩波書店, 14-15쪽.

했던 사례에서 알 수 있듯이, 여기에는 분명히 불온한 저항의 정신으로 가득 찬 새로운 정치적 감각이 존재했다.

　그리고 불안과 분노, 기대와 슬픔이 뒤섞인 민중들의 에너지는 당연히도 종종 천황에 대한 분노로 향했다. "천황 폐하라는 것이 있어서 이렇게 된 거야. 차라리 총으로 쏴 죽이고 싶어"라는 발언 등이 심심찮게 들려올 정도였다.[9] 마침 미국 국회에서도 천황을 전범 재판에 기소하자는 주장이 우세한 의견을 차지하고 있었다.

　하지만 일본의 위정자들은 이미 전쟁이 끝나기 전부터 '국체 보호=천황제 유지'를 최대의 목표로 공작을 벌이고 있었고, 맥아더 역시 천황을 그대로 두는 쪽으로 점령 정책의 가닥을 잡고 있었다. 천황은 유명한 '인간선언'을 하고 전국 각지를 돌며 강력한 지도자가 아닌 친근한 이미지를 연출했다. 같은 시기 경찰력의 증강을 점령군 사령부에 요청한 일본 정부는 언론·출판·집회·결사의 자유를 제한할 수 있는 규정을 논의했으며, 나아가 정치범 석방이 선거에 끼칠 영향을 우려하여 그 시기를 연기하는 일 등에 갖은 노력을 다하고 있었다. 또한 1945년 8월 18일, 즉 천황이 패전을 인정하고 겨우 3일 뒤에 일본 정부는 각 지방 장관에게 "지금부터 올 점령군을 상대할 성적 위안 시설을 설치하라는 지령"을 내렸으며, 26일에는 "점령군에게 어떤 방법으로 매춘부를 제공할 것인가를 회의"했다.[10]

9　栗屋憲太郎編(1980), 『資料 日本現代史』第二巻, 大月書店, 235쪽.

───── 원폭으로 폐허가
된 히로시마를 방문한
쇼와 천황.
그는 뒷모습을 보이지 않
는 신에서 이제 인간이 되
었다.[11]

∥
6. 민주주의를 위해 천황을 지킨다?

천황은 전범 재판에 기소되지 않은 채 스스로를 인간이라 선언했다.
그렇다면 이제 그는 모든 신성한 힘을 잃고 한 명의 평범한 일본인으로
돌아간 것일까? 1946년 11월 3일 점령군 주도로 작성된 '일본국헌법'이
발포되었다. 일본 역사상 두 번째 헌법이었다. 신헌법의 제정과 함께 일
본은 평화와 민주주의의 국가로 탈바꿈하리라고 많은 사람이 믿었고, 지
금도 믿고 있다. 특히 무력을 포기한 제9조의 조문은 비록 자주적으로
창안된 내용은 아니지만, 오늘날에도 대단히 큰 울림을 가지고 있다. 그
렇지만 일본국헌법은 과거의 대일본제국헌법과 마찬가지로 제1조에서

10 加太こうじ (1978), 「犯罪と売春」, 思想の科学研究会編, 『共同研究 日本占領軍(上)』, 德間書店, 494쪽.
11 『論座』, https://webronza.asahi.com/culture/articles/2019021800006.html.

무엇보다 먼저 천황의 법적 지위를 규정한다는 점에서 문제적이라고 하지 않을 수 없다.

일본국헌법 제1조의 내용은 다음과 같다. "천황은 일본국의 상징이자 일본 국민 통합의 상징이며, 이 지위는 주권이 있는 일본 국민의 총의에 기초한다." 주권의 소재가 '일본 국민'임을 명확히 밝힌 점에서 이 조문은 헌법상의 혁명으로 간주되기도 했지만, 첫머리에 천황이 등장한다는 점을 간과해서는 안 된다. 천황은 어떻게 일본국과 일본 국민을 상징할 수 있는 것이며, 이때 상징이란 무엇을 의미하는가? 만약 천황이 상징이라면 국기, 국가, 국화 등과 어떤 차이가 있는 것인가? 일본 국민의 총의는 어떻게 파악한 것인가? 새로운 헌법의 내용 역시 천황의 지위에 관해서는 모호한 수사들로 가득 차 있었다. 천황이 일본의 상징이라는 조문의 의미를 살펴보기 위해 여기서는 신헌법 제정에도 관여했던 정치학자 야베 데이지[矢部貞治]의 논의를 소개하겠다.

1902년생으로 도쿄제국대학 법학부 정치학과를 졸업한 야베는 젊은 시절 학문적 고뇌에 빠져 있었다. '자유의 확대'와 '질서의 유지', '개인의 존중'과 '공동체의 안정'이라는 모순된 두 가지 방향 사이에서 균형 잡힌 정치 질서를 창출하는 일이 그것이었다. 민주주의 사회에서 '개인'의 자유는 최대한 존중되어야 하지만 자칫 잘못하면 방종에 빠져서 '공동체'의 존립이 위험해질 수 있기 때문이었다. 야베가 보기에 1920-1930년대의 일본은 자유주의와 사회주의의 대립, 파시즘과 교양주의의 대립 속에서 물질문명이 발달하는 한편, 인간성이 타락하고 경제가 요동치는 혼란의 시대였다.

이러한 혼란을 해결하기 위해 야베는 '대표'라는 개념을 고안하고 이를 '개인'과 '공동체' 사이에 삽입하고자 했다. 대표는 공동체 전체의 생활 및 정신적 유대를 과거에서 미래까지 포괄하는 한편, 그 안에서 이루어지는 개인의 자유와 발전을 가능케 하는 원리이자 기초였다. 이러한 대표의 원리가 기능하는 사회에서는 개인이 자신의 개성을 상실한 채 전체의 논리에 흡수되는 것, 그리고 공동체가 각자도생하는 개인들로 분열되는 것을 막을 수 있었다. 개개의 인격이 통합된 국민공동체를 완성하는 동시에, 국민공동체 안에서만 개개의 인격을 발전시킬 수 있는 통일적 원리를 건설한다면 작금의 혼란을 헤쳐 나갈 수 있다고 야베는 판단했다.

이에 야베는 현재의 연약한 대의제 민주주의나 정당정치로는 경제적, 사회적 혼란을 극복할 수 없으며, 공동체의 발전에 아무런 도움이 되지 않는 잡다한 의견과 이질적인 것들을 때로는 강경하게 배제할 수 있는 힘과 권력, 곧 대표를 창출하기 위한 조직적 개혁을 추진하자고 주장했다. 이러한 논리는 대정익찬회(大政翼贊會) 등 파시즘 체제의 정치철학적 토대를 제공했고, 야베는 고노에 후미마로[近衛文麿] 정권의 브레인으로 활약했다.

그러던 와중에 일본은 전쟁에서 패배했고, 신헌법 제정과 관련하여 천황과 주권을 둘러싼 문제가 다시 불거졌다. 이때 야베는 과거 자신의 대표 이론을 재단장하여 천황 옹호에 나섰다.

주권의 소재에 관한 논의 등은 공허한 내용의 추상론에 불과하다. 민주주의는 이러한 주권론의 도그마와는 본질적으로 무관하다. 민주주의란 앞서 말한 국민 일반의 참정을 통해 민의에 근거한 정치를 운영하고자 하는 제도 내지 형식을 말한다. 이런 제도의 상위에 원수로서 국가의 통일 의사를 형식적으로 표현하는 자, 또는 국가 내 여러 세력의 최고 조절자로서의 군주를 인정하는 일이 민주주의의 본질과 반드시 모순되지는 않는다.[12]

주권이 천황에게 있건 국민에게 있건 그건 중요하지 않다. 문제는 대표, 즉 '국가의 통일 의사를 형식적으로 표현하는 자', '국가 내 여러 세력의 최고 조절자'의 존재 여부에 있다는 것이다. 야베는 패전과 점령, 아나키적 혼란을 극복하고 국민공동체를 지속시키기 위해서는 국가의 구심점이 될 대표가 필요하다고 생각했다.

국가 생활에서 전통적 권위와 통일력의 중요성을 잊어서는 안 된다. 이러한 전통은 나라에 따라 다르지만 다른 나라의 그것이 무엇이든 간에 일본에서는 천황제로 응결된다. [···] 특히 본질적으로 원심화적, 분산적 원리를 내포하며, 방치하면 무정부에 이르게 되는 민주주의 사회에서는 국가의 통일 질서를 위해 구심화적, 집중적 요소를 강화하는

---

12 矢部貞治(1946), 「天皇制と民主主義」, 『天皇制研究』 第八号, 외무성 외교사료관 소장. 인용은 다음 정보에 기반한다. 波田永実(1997), 「矢部貞治の新憲法・戦後天皇制構想: 日本国憲法成立期の国民主権論の一断面」, 『行動科学研究』 第四九号, 47쪽.

일이 반드시 필요하다. 이와 같은 구심화의 중심으로서의 천황제는 일본에 민주주의가 철저해지면 철저해질수록 필요하게 된다.[13]

패전 이후 천황은 신성한 주권자의 자리에서 내려와 한 명의 인간이 되었지만, 그것은 야베에게 중요한 문제가 아니었다. 천황은 예전부터 지금까지 일본의 중심이었고, 또 그래야만 했다. 새로운 주권자인 '국민'이라는 픽션을 묶어 줄 장치가 필요했기 때문이다. 그렇지 않으면 국민국가가 위험에 빠지게 된다는 것이 야베의 논리였다. 그런데 거기에는 천황을 둘러싼 과거의 논의들과 마찬가지로 아무런 논리적 근거가 없었다. '다른 나라의 그것이 무엇이든 간에 일본에서는 천황제'라는 강박적인 수사만 되풀이될 뿐이었다. 천황은 일본의 상징이 되었지만, 여전히 그 자체로서는 정의되지 않는 텅 빈 중심에 불과했다.

7. 쓰러진 천황

마지막으로 현대 일본에서 천황이 의미하는 바를 잘 보여 주는 예를 두어 개 소개하도록 하겠다. 누군가가 죽었을 때 주변의 반응을 보면 그 사람이 어떤 사람이었는지 잘 알 수 있다. 일본에서 가장 최근에 천황이 죽은 것은 1989년 1월이다. 당시 일본 사회의 분위기는 어떠했을까?

---

13 波田永実(1997), 위의 책, 47쪽.

1988년 9월 19일, 서울올림픽 개막 이틀 뒤에 제124대 천황으로서 1926년부터 재위했던 쇼와 천황이 피를 토하며 쓰러졌다. 전쟁과 원폭, 미군 점령과 고도 경제성장 등 일본 근현대사의 숨 가쁜 순간들의 중심에 있었으며, 개인적으로도 '신성한 주권자에서 한 명의 인간으로'라는 드라마틱한 삶을 살아온 쇼와 천황의 각혈은 곧장 톱뉴스가 되었다. 그리고 일본 사회 전체가 이른바 '자숙 모드'에 들어갔다. 모든 언론이 앞다투어 천황의 건강 상태를 다루는 한편, 다수의 코미디 프로그램이 중지되었다. 스포츠 신문은 1면을 흑백사진으로 급하게 바꾸었고, 만화나 아이들이 보는 프로그램도 방송이 연기되었다. TV 광고의 대사도 바뀌었는데 닛산 자동차 광고에서 "여러분 건강하십니까?"라는 음성이 삭제되었고, 롯데의 초콜릿 광고에서는 "그날이 왔습니다"라는 대사가 변경되었다. 이후 전국 각지의 축제나 콘서트 등이 '자발적'으로 중지되는 등, 자숙 모드는 점차 과잉되었다.

쇼와 천황이 조만간 숨을 거둘 것 같은 상황은 'X-Day'라는 말로 표현되었는데, 언제일지 알 수 없는 그 날까지 일본의 국민은 스스로 숨을 죽이고 지냈다. 학교의 운동회나 소풍은 물론 개인의 결혼식까지 취소되는 보기 드문 광경이 펼쳐졌다. 공적 공간이 아닌 사적 영역에서도 자숙이 이루어진 것이다. 1989년 1월 7일 쇼와 천황이 세상을 떠나자 자숙 분위기는 절정에 달했다. 뉴스의 아나운서들은 상복을 입었고 모든 광고가 중단되었다. 거리의 네온사인과 간판은 흰 천으로 가려졌고, 전차 내부의 광고도 모두 사라졌다. 경제활동이 어려워지면서 거액의 빚을 지게 된 사람이 자살하는 경우까지 생겨났지만, 자숙 모드는 이후로도 한동안 계속되었다.

한국에서도 유명한 인물이 사망했을 때 '사회장' 여부를 두고 몇 번인가 논쟁이 벌어진 적이 있다. 가령 1922년에 사망한 김윤식의 경우가 그랬고, 가깝게는 전 서울시장 박원순의 사망 이후 장례 방식에 관해 다양한 의견이 표출된 바 있다. 세월호가 침몰했을 때는 국가적 애도의 물결이 가득했다. 하지만 그저 한 명의 '인간'이 쓰러지고 죽음에 이른 것에 대해, 애도를 넘어 국가 전체가 생활의 형태를 바꾸어 가면서까지 몇 달씩 자숙한다는 것은 참으로 특이한 일이 아닐 수 없다. 다만 지금까지 설명한 것처럼 그것이 천황이라면 조금도 이상한 일이 아니다. 그는 일본을 상징하고 지탱하는 텅 빈 중심이기 때문이다. 일본인 중 누구도 천황을 알지 못하지만, 바로 그런 이유로 천황은 언제나 일본인 모두의 마음속에 있다. 그래서 천황의 죽음은 우리가 일상에서 매일 접하는 누군가의 죽음과는 질적으로 다르다. 사회적으로 유명한 사람이나 모두의 존경을 받던 사람의 죽음과도 다르다. 천황의 죽음은 일본의 상징적 '죽음'을 의미하며, 그를 대신할 새로운 천황의 즉위는 일본의 상징적 '신생'을 의미한다. 그런 의미에서 인간으로서의 천황이 죽어도, '천황' 그 자체는 영원히 죽지 않는다.

그런데 누군지 직접 본 적도 없고, 잘 알지도 못하는 사람이 죽었다고 진심으로 자숙하는 일이 가능할까? 앞서 논했듯이 패전 이후 일억총참회론이 등장한 바 있다. 마찬가지 의미에서 쇼와 천황의 죽음을 둘러싸

고 일본에 벌어진 풍경을 '일억총자숙'이라고 부를 수 있지 않을까? 일억
총참회론은 결국 진정한 반성을 회피하기 위한 수사에 불과했다. 1988년
가을부터 시작된 X-Day의 날들에서 과연 누가 얼마나 자숙했을까? 실
은 누구도 자숙하지 않았지만, 모두 자숙하는 척을 한 것은 아닐까? 대체
왜, 무엇을 위해 자숙해야 하는지 아무도 모르지만, 그래도 모두 자발적
으로 자숙했다. 우리는 모두 일본인이라는 이유 하나로 말이다.

8. 천황을 고소할 수 있을까?

물론 모든 사람이 자발적으로 자숙 모드에 참가한 것은 아니다. 많은
일반 시민들과 여러 지식인이 이에 반대하거나 위화감을 드러냈고, 개중
에는 행동을 통해 천황이라는 존재의 의미에 의문을 제기하는 사람도 있
었다. 대표적인 것이 '기장소(記帳所) 사건'이다.

쇼와 천황이 쓰러진 이후 일본 전역에 천황의 쾌유를 비는 기장소가
세워졌다. 참고로 기장소는 2012년 헤이세이 천황[平成天皇]이 심장 수술
을 받을 때도, 2019년 지금의 레이와 천황[令和天皇]이 즉위할 때도 각지에
세워진 바 있다. 당시 기장소는 지바현[千葉県]에도 세워졌는데, 그 설치에
세금이 들어갔다. 그러자 어떤 사람이 이를 위법이라며 쇼와 천황의 계
승자인 헤이세이 천황에게 기장소 설치에 들어간 금액을 반환하라는 소
송을 걸었다. 한때 신성불가침의 주권자였고, 이제는 일본국을 상징하는
천황이 고소당한 것이다. 황당한 일로 받아들여졌지만, 민사재판의 당사

자가 천황이라는 점만 빼면 소송 자체는 지극히 정당한 행위였다. 그의 죽음을 추도할 마음이 없는데, 왜 동의도 구하지 않고 내가 낸 세금으로 기장소를 세운단 말인가?

법원은 이 당황스러운 사건을 최대한 빠르게 처리하고자 했다. 지바지방재판소는 천황은 민사재판의 당사자가 될 수 없다며 천황을 피고로 적시한 소장 자체를 기각했다. 도쿄고등재판소는 천황도 일본 국적을 가지는 한 명의 자연인이고 사법상 행위 주체가 되지만 그렇다고 천황이 민사재판권에 따라야 하는 것은 아니다, 천황도 피고가 될 수 있고 증인의 의무를 지지만 이것은 국가의 상징이라는 헌법상 지위에 어긋난다는 도통 무슨 말인지 알 수 없는 모호하기 짝이 없는 문구를 늘어놓고는 공소를 기각했다. 최고재판소 또한 천황에게는 민사재판권이 미치지 못하는 것으로 보아야 한다며 상고를 기각했다.

이 사건은 최종적으로 천황의 '민사책임'은 부정할 수 없지만 '민사재판권'은 없다는 식의 결론에 이르게 된다. 민사책임은 있으나 민사재판권은 인정되지 않는다는 이 모순된 문장을 조금 거칠게 풀어쓰면 다음과 같다. 천황은 법의 테두리에 속하지만 법의 제약은 받지 않는다. 그는 다른 사람들과 마찬가지로 법을 따라야 하지만, 다른 사람들과 달리 그에게 법을 강제할 수는 없다. 천황은 법의 내부에 속하는 동시에 그 외부에 초월적으로 자리한다. 현대 일본에서 천황이 어떤 의미를 지니고 있는지 위의 판결문들을 통해 추측할 수 있겠다.

천황은 일본인으로서 가령 히로히토, 아키히토, 나루히토 같은 이름을 가지지만, 성이 없으며 호적도 존재하지 않는다. 한국의 주민등록등본에 해당하는 주민표는 물론 여권도 가지지 않는다. 헌법 규정상 일본국의 상징이자 일본 국민 통합의 상징인 천황은 다른 사람과 구별하여 자신을 드러낼 필요가 없기 때문이다. 따라서 역설적으로 그는 자신을 말하거나 표현할 수 없다. 그가 자신에 대해 하는 모든 말은 일본에 관한 말이 되고, 취하는 모든 행동은 일본의 행동이 된다. 그래서 인간으로서의 천황은 법 아래에 존재하지만, 일본의 법이 '일본' 그 자체를 벌할 수는 없으므로 천황은 법의 바깥에 서게 된다. 천황도 인간인 이상 잘못이 있을 수도 있지만(민사책임은 있지만), 일본을 상징하는 그를 고소할 수는 없는(민사재판권은 없는) 연유다. 어찌 보면 천황 본인이야말로 그 무엇도 아닌 모든 것이라는 천황제의 기묘한 속박에 얽어매진 가장 슬픈 존재일지도 모른다.

9. 주권과 국민에 대한 물음

지금까지 이 두서없는 글을 어떻게든 참고 읽어 온 독자라면 아마 이런 생각을 할지도 모르겠다. "천황이란 뭐라고 정의할 수 없는, 무언지 딱 잘라 말할 수 없는 그런 존재구나", 혹은 "비논리적이고 비합리적인 천황이라는 존재가 여전히 일본 사람들 마음속에 있구나"라고 말이다. 그렇다면 필자로서는 뜻한 바를 정확히 읽어준 점에 감사하고 싶다. 다만 한 가지 더 하고 싶은 말이 있다. 천황이라는 수수께끼의 존재는 이웃

나라의 일일 뿐 한국과는 관련이 없을까? 주권과 상징을 둘러싼 물음은 일본이나 천황만이 아닌 국민국가 일반의 문제가 아닐까? 대한민국 헌법 제1조 제1항은 "대한민국은 민주공화국이다"이며 제2항은 "대한민국의 주권은 국민에게 있고, 모든 권력은 국민으로부터 나온다"고 규정하고 있다. 이때 주권의 소유자인 '국민'이란 대체 누구일까? 김항의 책을 다시 인용한다.

> 국민주권이란 유한한 생명을 가진 구체적인 개개인이 법체계의 근원을 이루는 지고의 힘을 가졌다고 전제하는 관념이 아니라, '국민'이라는 죽지도 사라지지도 않는 픽션이 지고의 힘을 담지하고 있음을 가정하는 관념이다.[14]

국민을 이루는 모든 사람은 결국 언젠가 모두 죽겠지만, 그래도 관념으로서의 국민은 살아남는다. 국민의 한 사람인 나 개인의 의지로는 국가 구성을 바꾸거나 뒤집을 수 없지만, 국민이라는 비실체적 개념은 이 모든 것이 가능한 괴물과도 같은 힘을 가진다. "'주권-군주의 육체'는 바로 '국민-개개인의 생명'과 유비관계에" 있다.[15] 그렇다면 국민이라는 주권자 역시 수수께끼의 존재가 아닌가? 국민은 대체 무엇이며, 어떤 까닭으로 주권을 소유하는지 명확히 정의할 수 있는 사람이 있을까? 한마디

---

14 김항(2015), 앞의 책, 83쪽.
15 김항(2015), 앞의 책, 84쪽.

만 더 하려고 했던 말이 계속 이어질 것 같지만, 이 이상 이야기를 진척시키는 것은 지금 필자의 역량으로는 불가능하다. 어떤 의미에서 천황은 우리에게 전혀 먼 존재가 아닐 수도 있다는 점을 상기시키면서 글을 마친다.

일본에는
왜 신사(神社)가 많을까?

심희찬
연세대학교 근대한국학연구소 HK교수

1. 학교보다 신사가 많은 나라

흔히 일본인은 종교 관념이 약하다고 말한다. 일본의 대학에서 종교학을 가르치는 한 교수는 100명 정도의 수강생에게 매년 종교가 있는지 혹은 관심이 있는지 묻는데, 종교가 있다고 대답하는 학생은 없거나 1명 정도이고, 관심이 있다고 답하는 경우도 많아야 7-8명에 불과하다고 한다. 종교의 역사를 가르치는 수업인데도 불구하고 말이다.[1] 그런데 일본에는 엄청난 수의 신사가 있다. 일본을 찾은 관광객들은 유명한 신사 이외에도 골목 곳곳에 자그마한 신사들이 많은 것을 보고 깜짝 놀라는 경우가 많다. 도시와 교외를 가리지 않고 신사는 어디서나 쉽게 발견되며, 그 규모와 형태도 천차만별이다.

일본 전역에서 이렇게 금방 찾을 수 있는 시설에는 또 어떤 것이 있을까? 내기를 좋아하는 성격 때문인지 필자의 머리에는 우선 파친코가 떠

---

[1] 서정민(2019.04.28.), 「'신의 나라' 일본과 '무종교'의 일본」, 『論座』(https://webronza.asahi.com/politics/articles/2019041800004.html).

오른다. 다만 파친코는 1995년에 1만 8,244곳의 점포 수를 기록한 이후 해마다 감소하여 현재는 8천여 점포만 영업하고 있다. 또한 일본은 편의점 왕국이라고도 불린다. 한국의 편의점이 도시부에 집중된 것과 달리 일본은 시골에도 편의점이 많다. 일본 내 편의점 수는 2021년 1월 기준 5만 7천여 점포에 이른다.

　그러면 신사는 몇 군데나 될까? 2013년 기준 일본 내 신사의 숫자는 파친코와 편의점을 합친 숫자를 넘어서는 8만 1,235곳에 달한다. 여기에 포교소 등 관련 기관의 숫자를 더하면 총수는 9만에 가까워진다.[2] 발에 치일 듯이 많은 편의점이나 파친코보다도 신사의 숫자가 훨씬 많은 것이다. 2018년 기준 일본의 유치원, 초·중·고등학교, 대학교, 그리고 전문학교를 비롯한 각종 학교의 총수는 5만 6,643개교이다. 일본에는 학교보다 신사가 많음을 알 수 있다. 일본인들은 종교를 가지지 않거나 관심이 없는 경우가 대부분인데, 어째서 신사는 이토록 많은 것일까?

＿＿ 교토부 북부의 작은 어촌에 있는 마시마신사[真嶋神社]
61세대 158명이 사는 바닷가 마을의 작은 숲에도 신은 존재한다(사진: 필자).

2　『宗教関連統計に関する資料集』(2015), 文化庁文化部宗務課, 14쪽.

신사는 일본의 전통적 민간신앙인 신도(神道)의 신을 모시는 시설을 가리킨다. 그런데 신도에는 일반적인 종교의 요소로 여겨지는 교의나 경전, 교조가 없고 포교나 설법도 거의 행해지지 않는다. 정돈된 사상체계나 철학적 가르침도 없다. 약 7-8년 전에 필자는 아이들이 어린이집에 들어간 덕분에 다른 부모 몇 사람과 꽤 친해졌고, 동네에서 작은 신사를 경영하는 비슷한 또래의 네기[禰宜]와도 아는 사이가 되었다. 네기는 신직(神職)의 일종으로 신직은 쉽게 말하면 목사나 승려와 비슷하다고 보면 되는데, 결혼이나 술, 담배 등에 별다른 제약이 없다. 그는 그 신사의 아들로서 형제들과 함께 가업을 이었는데, 술을 워낙 좋아해서 매일 저녁으로 마을 이자카야를 여기저기 돌아다녔다. 나는 그를 참 좋아하는데 한번은 밤늦은 시간 술자리에서 그에게 신도란 대체 무엇이냐고 물어보았다. 술에 취한 그는 반쯤은 눈이 감기고 한 손에는 담배를 든 채 신도는 일본의 전통이자 문화라고 했다. 성급한 일반화의 오류는 피해야겠지만, 신사의 아들조차 신도를 종교라고 말하지 않은 것이다.

그렇다면 일본의 저 수많은 신사는 종교 시설이 아닌 걸까? 신사를 방문하면 반드시 입구에서 손을 씻고 입을 헹구는데, 이는 신사가 신성한 곳이기 때문이다. 들어가기에 앞서 세속의 더러움을 씻어 내는 작은 의식을 올리는 것이다. 또한 방문객들은 대부분 새전함에 돈을 넣고 신에게 기도를 드리며 종종 부적을 사거나 제비를 뽑아 점복을 보는데, 이것이 종교적 행위가 아니면 무엇이란 말인가? 일본에서 신도란, 그리고 종교란 대체 무엇일까? 신직조차 종교 시설로 생각하지 않는 신사에서 수많은 일본인이 일상적으로 영위하는 종교적 실천은 어떻게 생각하면 좋을까?

2. 종교에 관한 한일 양국의 통계 조사

일본인에게 종교란 무엇일까? 앞에서 개인적인 이야기를 너무 많이한 것 같아 이번에는 객관적인 데이터를 가지고 살펴보도록 하겠다. 일본의 통계학을 대표하는 통계수리연구소는 1953년부터 5년 단위로 「일본인의 국민성 조사」라는 결과를 발표해 왔다. 여기에는 종교에 관한 항목도 포함되는데, 2013년의 경우 "종교에 관해 묻고 싶습니다만, 예를 들어 당신은 무언가 신앙이나 신심(信心)을 가지고 있습니까?"라는 질문에 대해 전체 1,591명 중 72%의 사람이 '가지고 있지 않다', '믿지 않는다' 혹

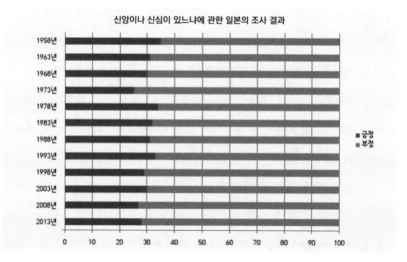

신앙이나 신심이 있느냐에 관한 일본의 조사 결과

____ 앞의 책, 『宗敎關連統計に関する資料集』, 54쪽. 긍정 항목의 대답은 '가지고 있다', '믿는다'이고 부정 항목의 대답은 '가지고 있지 않다', '믿지 않는다', '관심이 없다'이다. 1953년에는 이 질문이 행해지지 않았다.

은 '관심이 없다'고 대답했다. 역대 통계를 보아도 신앙이나 신심을 가지고 있다고 대답한 비율이 가장 높았던 것은 1958년의 35%였다.

한국의 경우 한국갤럽이 1984년부터 비정기적으로 「한국인의 종교와 종교 의식」을 총 6차례에 걸쳐 조사했는데, '현재 믿는 종교가 있다'고 답한 비율은 2021년 기준 40%였다. 다만 2021년의 결과는 가장 낮은 수치였고, 6차례 조사 전체의 평균치는 47.3%였다. 일본의 전체 평균치 30.4%에 비하면 비교적 높은 수치라고 볼 수 있다. 2021년 한국리서치가 행한 비슷한 조사에서도 종교가 있다고 답한 사람의 비율은 50%였다.[3]

물론 한국과 일본의 통계를 기계적으로 비교할 수는 없다. 시기와 횟수에 차이가 있기도 하지만, 무엇보다 질문의 문구와 대답 항목이 다르기 때문이다. 한국의 경우 '현재 믿는 종교가 있는지'라는 질문에 '있다'

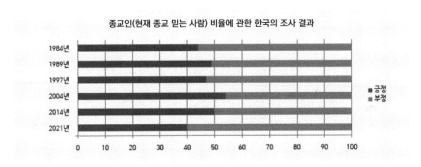

종교인(현재 종교 믿는 사람) 비율에 관한 한국의 조사 결과

____ 「한국인의 종교 1984-2021 (1) 종교현황」, https://www.gallup.co.kr/gallupdb/reportContent.asp?seqNo=1208. 긍정 항목의 대답은 '현재 믿는 종교가 있다'이고, 부정 항목의 대답은 '현재 믿는 종교가 없다'이다.

---

3 https://hrcopinion.co.kr/archives/20186.

혹은 '없다'로 대답하는 간결하고 명쾌한 조사가 이루어졌다. 한국리서치의 질문 역시 '종교가 있으십니까'라는 단순한 것이었다. 일본의 경우는 이와 달리 질문의 문구와 대답 항목이 길고 복잡하다. 위에서 소개한 질문을 다시 보자. "종교에 관해 묻고 싶습니다만, 예를 들어 당신은 무언가 신앙이나 신심을 가지고 있습니까?" 이 문구는 묻고 싶은 바를 에둘러 표현하고 있다. 우선 질문이 '종교'에 관한 것임을 답변자에게 환기하고, 그 뒤에 '신앙'이나 '신심'이 있는지 묻는다. 종교가 있는지 직접 묻지 않고, 이를 신앙 및 신심이라는 표현으로 바꾸어 재차 묻는 것이다. 대답 항목 또한 '가지고 있다', '믿는다', '가지고 있지 않다', '믿지 않는다', '관심이 없다' 등, '있다', '없다'라는 이자택일이 주어진 한국과 달리 선택의 폭이 넓다.

그러면 왜 일본에서는 '종교가 있냐'고 짧게 물어보면 될 것을, 굳이 신앙이나 신심 같은 종교와 비슷하지만 완전히 같지는 않은 개념까지 써가며 빙 둘러 물어보는 것일까? 일본인들의 성격이 조심스럽기 때문일까? 필자는 만약 일본에서도 한국과 같이 종교가 있냐고 물어보았다면 '있다'고 대답한 비율은 훨씬 줄었을 것으로 예상한다. 그나마 신앙이나 신심이라는 표현으로 돌려 묻는 과정을 거쳤기 때문에 30% 언저리의 수치가 나왔다고 본다. 그래서 필자는 종교에 관한 양국의 조사에서 겉으로 드러난 수치적 결과도 물론 중요하지만, 질문의 내용과 대답 항목 사이에 보이는 차이에도 주목할 필요가 있다고 생각한다. 이 차이는 어디서 발생하는 것일까?

3. '종교'와는 다른 '종교적인 마음'

필자의 가설은 다음과 같다. 한국에서는 종교라는 개념에 대해 어느 정도 사회적으로 합의된 확고한 이미지가 있다. 따라서 종교가 있냐고 직접적으로 물을 수 있고, 답변자도 이 질문이 뜻하는 바를 금세 이해하기에 대답을 '예'나 '아니오'로 간단히 결정할 수 있다. 반면 일본에서는 종교 개념의 경계가 흐릿하기에 답변자는 질문자의 의도를 바로 파악할 수 없고, 신앙이나 신심 같은 다른 개념의 도움을 받아야 한다. 대답 항목의 다양성도 이 점에 기인한다. 다시 말해 한국과 일본에서는 종교에 대한 이해방식이 서로 다른 것이다.

이 점은 종교에 관한 조사의 다른 항목들을 보면 조금 더 확실해진다. 한국의 경우 '호감 가는 종교', '종교를 믿은 시기', '종교 변화' 등이 조사 항목에 포함된 점에서 알 수 있듯이 종교는 주로 기독교, 불교, 천주교 등 특정한 믿음과 연결된다. 그렇지만 일본에서는 '저세상'을 믿는가의 여부, '종교와 과학의 관계' 등을 묻고 있다. 종교 개념의 외연과 내포가 한국과는 확연히 다르다는 사실을 알 수 있다.

특히 흥미로운 것은 일본의 조사 항목에 보이는 '종교적인 마음'에 관한 부분이다. 신앙이나 신심을 가지고 있느냐는 첫 번째 질문에 이어서 "지금까지의 종교와는 상관없는 '종교적인 마음'이라는 것이 소중하다고 생각합니까?"라는 질문이 이어진다. 한국인인 나는 반대로 질문의 의미 및 의도를 언뜻 이해할 수 없었는데, 일본에서는 '종교적인 마음'이라는

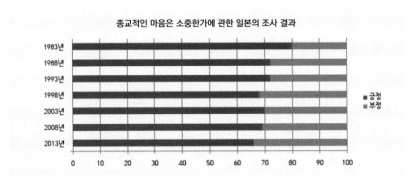

종교적인 마음은 소중한가에 관한 일본의 조사 결과

_____ 앞의 책, 『宗教関連統計に関する資料集』, 57쪽. 긍정 항목의 대답은 '소중하다'이고 부정 항목의 대답은 '소중하지 않다', '기타', '모른다'이다.

것을 '지금까지의 종교', 즉 특정 종파나 교단과는 상관없는 것으로 구분할 수 있는 모양이다. 약 70%에 가까운 사람이 신앙이나 신심을 가지지 않는다고 대답했던 앞선 질문과 달리, 여기서는 반대로 전체 조사자의 평균 71%가 종교적인 마음이 소중하다고 답했다.

특별히 신앙이나 신심을 가지지 않더라도 많은 수의 일본인이 종교적인 마음을 소중하게 여기고 있음을 알 수 있다. 종교와는 다른 종교적인 마음이란 대체 무엇일까? 위의 그래프와 비슷한 수치를 보여 주는 다른 조사 항목이 있다. "당신은 굳이 말하자면 조상을 공경하는 편입니까? 아니면 공경하지 않는 편입니까?"라는 질문에 대한 답이다. 조상을 공경하는 편이라고 대답한 비율이 66%를 넘으며, 여기에 '보통'이라고 대답한 숫자까지 포함하면 그 비율은 90%에 가까워진다. 조상 공경이 주로 유교적 윤리로 간주되는 한국과 달리, 일본에서는 종교적인 마음과 조상 공경 사이에 무언가 연결고리가 있음을 짐작하게 해준다. 그

외에도 종교 활동에 관한 조사 항
목이 한국의 경우 종교시설 방문
빈도, 경전 독서 빈도, 기도의 빈도
등에 관한 것임에 비해 일본에서
는 성묘, 부적, 기원, 점복, 기도, 예
배 및 포교, 성서나 경전의 독서 등
인 점에서 보다 일상적인 행위들을
종교 활동의 영역에 포함하고 있음
을 확인할 수 있다. 참고로 이때 부
적과 점복은 앞서 말했듯이 주로
신사에서 판매하는 상품으로 대개
1,000엔 이내의 저렴한 가격이다.

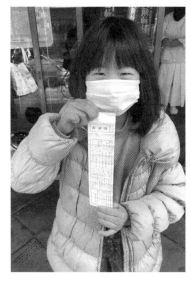

_____ 2022년 1월 1일 교토의 한 마을 신사
에서 100엔을 주고 한 해의 운세를 점치는
제비를 뽑은 어린이의 모습(사진: 필자)

　그렇다면 지금까지의 이야기를
종합하면 다음과 같은 결론을 내릴 수 있지 않을까? 한국과 일본에서 '종
교'는 서로 다르게 이해된다고 말이다. 일본에서 종교는 특정한 믿음에
결부되기보다 종교적인 마음이라는 표현에서 알 수 있듯이 조상 공경이
나 일상적 행위와 중첩되는 경향이 강하다. 그러므로 한국의 종교 개념
을 기준으로 삼으면 일본인은 종교 관념이 약한 것처럼 보이지만, 애당
초 양국 사회에서 종교의 의미가 다르기 때문에 이러한 비교는 큰 의미
를 가지지 못한다. 물론 여기서 소개한 통계 이외에도 다른 방식으로 행
해진 여러 조사 결과가 있겠으나, 양국의 대표적인 조사기관들이 내놓은
결과라는 점에서 신빙성이 그리 떨어지지는 않을 것이다.

일본인은 태어나면 신사에 가고, 결혼은 교회에서 하며, 죽으면 절에 모신다는 말이 있듯이 대개는 어떤 특정한 종교를 믿지 않는다. 문화청의 2021년 조사에서, 일본 내 종교인의 수는 전체 1억 8천만 명을 넘기는 것으로 집계되었다. 대략 신도계 신자가 9천만 명, 불교계 신자가 8천만 명, 기독교계 신자가 2백만 명, 기타 7백만 명 정도다.[4] 일본의 인구가 약 1억 2천만 명인데 중복 선택을 허용했더니 종교인의 숫자가 이를 훨씬 넘어서는 결과가 나온 것이다. 각 종교 사이의 구분이 명확한 한국에서는 이런 일이 벌어지지 않을 것이다. 이러한 사례가 잘 보여 주는 것처럼, 일본인들의 종교적 마음이라는 것은 매우 다양하고 복잡한 층위로 이루어져 있다.

이제 일본인에게 종교 관념이 약하다는 식의 통념으로는 조금도 설명할 수 없는 독특한 종교 인식이 존재함을 알 수 있을 것이다. 이와 같은 일본의 종교관을 살펴보기 위해서는 다른 무엇보다 근대 이후 신도와 신사의 역사에 대해서 알아볼 필요가 있다. 천황을 다루었던 앞장과 마찬가지로 이번에도 1868년의 메이지유신 전후의 상황부터 살펴보자.

4. 신도 국교화 정책

'쿠데타'를 통해 권력을 획득한 메이지정부는 근대화·산업화를 위해

---

4 일본의 정부 통계 포털사이트 e-Stat 참조.

서구 국민국가의 여러 제도와 시스템을 도입하고자 했다. 메이지정부는 '텅 빈 중심'으로서의 천황을 내세워 법질서를 세우고 입헌국가의 모습을 갖추었으나, 그 내실을 채울 이데올로기는 여전히 요원했다. 앞장에서 본 것처럼 가령 미노베 다쓰키치는 일본인이라면 누구든 마음속에 천황이 있으며 이를 존경하고 따른다고 주장했지만, 당연하게도 실제로 그런 일은 있을 수 없었다. 또한 정권에서 밀려난 기존 막부 측 세력은 물론, 권력 가르기에서 밀려난 사람들과 이권의 요구를 주장하는 사람들도 달랠 필요가 있었다. 이를 위해 메이지정부는 다른 무엇보다 국민국가의 '국민'을 먼저 만들어 내야만 했다. 그 방편 중 하나로 주목된 것이 종교였다. 메이지정부는 서구의 문명과 그 정신의 뿌리에는 기독교가 있다는 판단 아래 모든 국민을 하나로 통합할 수 있는 종교 문화를 창출하고자 했다.

이때 새롭게 국가의 종교가 될 사상에는 여러 후보가 있었다. 오랜 시간 민중의 삶에 밀착해 온 불교가 있었고, 근세 이후 지식인들 사이에 널리 퍼져 있었던 유교도 있었다. 특히 불교는 고대에 당나라의 율령제를 도입한 이래 일본인들의 생활과 사유 속에 깊이 침투해 있었고, 과거 천황도 출가하여 승려가 되는 일이 빈번할 정도로 강한 세속적 권력도 보유하고 있었다. 하지만 중국이나 조선과 달리 역성혁명이 벌어지지 않고 '만세일계'가 이어졌다는 일본만의 '국체'를 내세웠던 메이지정부가 유교나 불교를 국가의 종교로 삼을 수는 없었다.

이에 메이지정부는 서구의 일신교를 모방하여 일본 각지에 산재하는 민간신앙 및 관련 시설을 황실의 신화 속에 포섭시키고 그 정점에 천황

___ 우다 천황(宇多天皇, 재위 887-897년)의
초상.
승려의 모습을 하고 있다. 교토 닌나지(仁和寺)
소장.

을 두는 '신도국교화' 정책을 실시
했다. 중국, 조선과는 다른 일본만
의 전통적인 종교를 창안하여 국민
의 결속과 원활한 통치를 꾀하겠다
는 속셈이었다. 일본의 신사에 관
심이 많은 사람이라면 잘 알겠지
만, 신사에서 모시는 신은 대개 신
화 속 인물이나 유명한 위인, 기복
신앙의 대상, 산이나 바위 같은 자
연물, 혹은 멧돼지나 여우 같은 동
물이다. 이는 한국에서 냉수를 떠
놓고 보름달에 비는 풍습, 농민들
이 풍년을 기원하는 모습, 뱃사람
들이 안전한 항해를 바다에 부탁하
는 의식 등과 크게 다르지 않은데,
이러한 믿음과 실천은 주로 샤머니

즘이라고 불린다. 메이지정부는 여기에 'Religion'이라는 서구식 개념의
번역어인 '종교'를 입히려 한 것이다.

　　메이지유신은 앞장에서 지적했던 것처럼 근대 국민국가의 수립과 천
황이 지배하던 고대로의 회귀라는 상반된 방향성을 가지고 있었는데, 메
이지정부는 고대 율령제에서 조정의 제사를 관장했던 신기관(神祇官)을
부활시켜 신도 국교화 정책을 일임했으며, 황전강구소(皇典講究所) 등을 설

_____ 효고현[兵庫縣]에 위치한 니시노미야신사[西宮神社].
전국에 약 3,500여 곳으로 추정되는 에비스를 모시는 신사 중 으뜸이다.

_____ 도쿄 에비스역 서쪽 출구에 위치한 에비스[惠比壽]상.
에비스는 일본 칠복신(七福神)의 하나로 어업의 신으로 여겨진다.(© Guilhem Vellut)

치하여 신도의 교리를 연구하고 전도를 담당할 신직을 양성했다. 또한 사격제도(社格制度)를 도입하여 전국의 다양한 신사를 제도화·서열화했다. 이는 간단히 말하면 신사를 국가가 관리하는 교회의 피라미드 속에 재배치하는 작업이었는데, 천황 및 황실, 국가와 관련하여 중요하다고 간주된 신사를 상위에 두고 지방의 신사를 하위에 배치하는 방식으로 이루어졌다.

한편 한국에서도 사찰 내부나 주변에서 성황당이나 산신각 등 민간신앙적 요소가 발견되는 경우를 종종 볼 수 있는 것처럼, 일본에서도 신도와 불교는 오랜 시간 서로 잡다하게 뒤섞인 채 존재해 왔다. 이를 '신불습합(神佛習合)'이라고 하는데, 서구식 종교의 개념에서 신불습합은 용인될 수 없었기에 신도 측과 불교 측은 상대방을 타자로서 명확히 인식하기 시작했다. 무엇보다 이제 국가의 종교가 될 신도는 불교와 거리를 둘 필요가 있었다. 메이지정부는 '신불판연령(神佛判然令)'을 내려 신도와 불교 사이의 경계선을 명확히 긋고자 했는데, 이것이 '폐불훼석(廢佛毁釋)'이라는 불교에 대한 파괴적인 행동과 배척으로 이어졌다.

5. 정교분리의 원칙과 신도의 약점

메이지정부는 이와 같이 불교와의 분리를 통한 신도의 외연 확정, 전국 신사의 일원화 및 계층화, 관련 제도의 정비와 신직 양성 등 다양한 방면에 걸쳐 신도의 국교화를 진행했다. 민간의 오래된 습속 및 관습, 일상적인 실천 등을 신도의 이름 아래 종교로 재창출하기 위해서였다. 일본의 역사학자 구로다 도시오[黒田俊雄]는 신도가 근대 이전에는 '자립적인 종교'로 존재한 적이 없고 주로 '토속적인 신앙 일반', '신의 권위와 작용', '도교' 등의 의미로 통용되었음을 지적한다. 특히 중세에는 신도가 "일상생활 전반을 관철하던 불교 체계에 뒷받침된" 세속적 개념에 불과했음을 밝히고 다음과 같이 논한다.

'일본의 민족종교인 신도'는 모토오리 노리나가[本居宣長] 등의 국학과 '복고신도'에서부터 메이지의 '국가신도' 성립에 이르는 근대 내셔널리즘의 발흥 단계에서 가까스로 명목과 내용을 갖추어 출현했다. '신불분리'와 '폐불훼석'이라는 강제적이고 파괴적인 '교정'이 정치 권력에 의해 추진되었고, 신도는 비록 일그러진 형태이긴 하나 독자적인 종교로서의 지위를 비로소 획득하게 되었다. 그리고 여기서 '신도'라는 명칭을 가진 민족적 종교가 오래전부터 일본에 존재했다는 '역사적 인식'이 처음으로 명확해지고 정식화되었다.[5]

일본의 오랜 전통과 문화라는 신도는 이렇게 근대 이후 강제적이고 파괴적인 교정을 거쳐 민족적 종교로 만들어진 것이다. 그런데 이 과정에서 심각한 문제가 발생했다.[6]

그것은 종교 개념과 동시에 유입된 '정교분리'의 원칙이었다. 서구 근대 국민국가는 정치와 종교를 명확히 분리했으며 이러한 원칙이 관철되지 않는 지역을 야만이나 미개로 간주했다. 종교적 수장과 정치적 지도자의 결합은 근대적인 종교와 정치의 개념을 모르는 징표로 여겨졌다. 그러므로 주권자로서 정치적 최고 지도자인 천황이 동시에 종교적 신앙의 정점에 위치하는 시스템은 유지될 수 없었다. 일본 내의 여러 지식인과 종교인도 정교분리와 종교의 자유를 주장했다. 메이지정부는 결국 정

---

5   黒田俊雄(1995),「日本宗教史上の「神道」」,『黒田俊雄著作集』第4巻, 法藏館, 195쪽.
6   이에 관한 역사학적, 종교학적 설명은 다음의 책을 참조. 이소마에 준이치(2016),『근대 일본의 종교 담론과 계보: 종교·국가·신도』, 제점숙 옮김, 논형.

교분리의 원칙에 따라 종교의 자유를 인정해야만 했고, 대일본제국헌법 제28조 "일본 신민은 안녕과 질서를 방해하지 않고, 또한 신민으로서의 의무를 저버리지 않는 한 신교(信敎)의 자유를 가진다"라는 조문을 통해 이 점을 적시했다.

위 조문에서 '신교의 자유'라는 구절 앞에 이런저런 유보가 덕지덕지 붙어 있는 점에서 알 수 있듯이, 일본형 정교분리의 원칙은 대단히 애매한 것이었다. 가령 기독교 신자로서 제1고등학교 교사였던 우치무라 간조[內村鑑三]는 1891년 교육칙어 봉독식에서 천황이 작성한 문서에 최경례(最敬禮)를 하지 않았다는 이유로 불경하다는 사회적 비난을 받고 직장을 그만두어야만 했다. 종교의 자유는 천황의 권위에 저촉하지 않는 매우 협소한 범위에서만 인정되었다.

비록 표면적인 것에 불과했을지언정 메이지정부는 정교분리와 종교의 자유를 허용하였는데, 도리어 바로 이 점이 신도에 매우 커다란 위기를 초래했다. 신도는 이제 정치 권력의 보호를 받는 국교가 될 수 없었고, 따라서 정교분리 및 종교의 자유라는 원칙 아래에서 다른 종교들과 신자를 획득하기 위한 경쟁을 벌여야 했기 때문이다. 정치와 종교를 분리한다는 것은 결코 단순한 문제가 아니다. 정교분리를 통해 정치는 공적 영역을 담당하게 되고 종교는 내면적인 사적 영역에 제한되게 된다. 누구든지 자기 집에서는 종교의 자유에 따라 어떤 종교를 믿어도 상관없지만, 이를 공적인 공간에서 남들에게 강요하면 안 된다. 국가가 하나의 종교를 정하고 그 신앙을 사회적으로 강제하면 개인에게 종교를 선택할 자유는 없어지지만, 이와 달리 종교가 정치로부터 분리되면 모든 종교는 개인적 선택의 영역으로 전환된다. 조금 극단적으로 말하자면 개인은 A 종교, B 종교, C 종교 등등 중에서 자기에게 맞는 것을 고르면 된다. 신도 역시 허다한 종교 가운데 하나로서 개인의 선택을 받아야 하는 처지에 놓이게 되었다. 거꾸로 말하자면 이제 일본인은 '종교의 자유'에 따라 신도를 '믿지 않아도' 괜찮게 된 것이다. 이것은 메이지정부로서는 결코 묵과할 수 없는 문제였다.

우리는 종교를 왜 믿을까? 존재와 윤리의 근원을 찾기 위한 구도의 수단, 현실의 고통과 내면의 불안을 다스리기 위한 방책, 삶과 죽음 등 초월적인 문제에 대한 고민, 행복과 안전의 기원 등 종교에 귀의하는 경로에는 다양한 스펙트럼이 있을 것이다. 그런데 시대와 지역에 따라 수많은 형태로 존재했던 민간신앙으로서의 신도는 종교로서 이러한 사람들의 원망과 바람을 충족시켜줄 수 있는 요건을 대부분 갖추고 있지 않았다.

우선 기독교나 불교처럼 그 교리와 가르침을 정리한 텍스트가 없었고, 일관된 철학적·사상적 체계도 가지고 있지 못했다. 일종의 샤머니즘이라 할 수 있는 신도가 성경이나 불경 같은 경전을 구비하지 못했음은 당연한 일이기도 한데, 이는 근대적 종교로서는 치명적인 약점이었다. 인간은 어디서 와서 어디로 가는지, 왜 삶은 고뇌로 가득한지, 행복을 위해서는 어떻게 살아야 하는지를 묻는 사람들에게 신도는 해줄 수 있는 말이 거의 없었다.

또한 목사나 승려, 신부처럼 교의를 공부하고 전파할 수 있는 사람의 숫자도 부족했다. 지역 신사의 주인인 간누시[神主]들은 평범한 마을주민에 불과했고, 당시에는 글자도 읽지 못하는 사람이 태반이었다. 그들은 사람들에게 종교적 영감을 불어넣거나 대화를 통해 깨달음을 줄 수 있는 존재들이 아니었다. 메이지정부는 신직의 훈련과 양성을 위해 여러 노력을 기울였지만, 현실에서는 많은 신직이 '무학, 무식'을 이유로 업신여김을 당했고 "간누시에게 부족한 것은 머릿수[頭數]가 아니라 두뇌(頭腦) 그 자체"라는 심한 조롱까지 받았다. 앞서 소개한 황전강구소를 비롯하여 신직을 교육하기 위해 설치된 신궁황학관(神宮皇學館), 고쿠가쿠인대학[國學院大學] 등의 기관은 꾸준히 졸업생을 배출했지만, 박봉에 허덕이는 신직을 희망하는 자는 오히려 적었고 많은 수가 상급학교로의 진학, 혹은 중등교원으로 빠져나갔다. 그 결과 신직은 만성적인 인원 부족에 시달렸다.[7]

6. 신사비종교론(神社非宗教論)

민간신앙이라는 그 자체의 특성에 더해 신직 양성까지 부진에 빠짐으로써 신도는 기성 종교들과의 신자 획득 경쟁에서 부진을 거듭했다. 메이지정부는 신도의 교리적인 허약함을 보충하기 위해 다양한 체계화와

---

7 한현석(2022), 「제국 일본과 해외 신사에 관한 연구: 신직의 양성과 이동을 중심으로」, 『일본문화연구』 81, 345-350쪽.

통일을 도모했지만, 이러한 시도들은 고스란히 실패로 끝났다. 그렇다고 신도를 방치할 수도 없는 노릇이었다. 신도를 종교 간 자유경쟁에서 구출하여 국교로서의 위상을 보존하면서도 정교분리의 원칙을 위배하지 않는 방법에 대한 고심 끝에 메이지정부는 기발한 묘안을 짜내기에 이른다. 신도는 종교가 아니라고 정의하기 시작한 것이다. 그들은 신도를 무리하게 근대적 종교의 틀 속에 끼워 맞출 필요가 전혀 없다는 사실을 깨달았다. 이른바 '신사비종교론'의 등장이었다.

신사비종교론을 상세히 설명하기 위해서는 별도의 논문이 필요할 것이므로, 여기서는 핵심만 짚도록 하겠다. 메이지정부는 신도 국교화 정책에 대한 종교계의 비판을 잠재우기 위해 기존의 방향에서 선회하여 신도는 '국가의 제사'를 관장할 뿐, 종교가 아니라는 '제교분리(祭敎分離)'의 논리를 제시했다. 이에 따라 신사는 국가의 종사(宗祀)로서 공적인 범주에 속한다고 규정되었고, 불교나 기독교 등은 이와는 별개의 사적 종교의 영역에 위치하게 되었다. 이러한 신사비종교론은 언뜻 보면 신도를 내면적 신앙으로 강요하지 않는 정책이었다. 불교나 기독교 측은 이를 국가의 강압에서 벗어나 종교의 자유를 영위할 수 있는 기반으로 받아들였는데, 이는 결과적으로 중대한 오판이었다.[8]

메이지정부는 이렇게 국가의 제사를 담당하는 부분을 신사신도(神社神道)로 자리매김하는 한편, 종교적 측면을 담당해 줄 교파신도(敎派神道)를

---

8 이에 관해서는 다음의 책을 참조. 다카하시 데쓰야(2005), 『결코 피할 수 없는 야스쿠니 문제』, 현대송 옮김, 역사비평사.

새로이 구성했다. 에도시대부터 메이지시기에 걸쳐 일본에는 전국 각지에서 여러 민중종교가 발생했는데, 메이지정부는 이들을 포섭하여 신도의 종교적 측면을 반강제적으로 부여한 후, 포교와 전파를 공식적으로 허용했다. 교리적 측면이 부족한 신도를 신사신도로써 공적 영역에 제한하고, 민중종교를 교파신도로 탈바꿈시켜 본래 신도가 맡았어야 할 종교적 역할을 떠넘긴 것이다. 이렇게 서양적 종교 개념의 울타리에서 벗어남으로써 신도는 명맥을 이어갈 수 있었다.

그런데 여기에는 교묘한 함정이 있다. 국가의 제사가 된 신도는 공적인 의무나 도덕의 공간을 점차 침식해 나갔다. 신도는 개인이 자유롭게 선택하고 신앙할 수 있는 종교가 아니라, 모든 사람이 당연히 준수하고 따라야 하는 도덕으로 변해갔다. 나는 그 어떤 종교도 내면의 자유에 따라 믿을 수 있으며, 기독교를 믿건 불교를 믿건, 아니면 이슬람교나 힌두교를 믿건 그 누구도 신앙의 포기를 강요하지 못한다. 하지만 공적 의무나 도덕은 다르다. 개인은 신호를 준수해야 하고, 거리에 침을 뱉어서는 안 되며, 지나가는 사람에게 이유 없이 시비를 걸어서는 안 된다. 이것은 내면의 자유나 신앙과는 관계없이 사회의 구성원으로서 모두가 지켜야 하는 의무 혹은 도덕이기 때문이다. 신사비종교론은 바로 이러한 의무나 도덕의 반열에 신도가 올라서게 되는 계기를 마련했다.

어떤 종교를 가지고 있건 공공장소에서는 정숙해야 하는 것처럼, 이제 일본인들은 개인적 신앙 여부와 상관없이 신도라는 도덕을 지켜야만 하게 된 것이다. 신도의 정신을 이해하고 그 의식에 참여하는 것은, 가령

길에서 어르신을 만나면 공손히 인사하고 몸이 불편한 사람이 있으면 돕는 등의 행위와 다르지 않은 것으로 분식되었다. 그러므로 신사를 참배하고 천황과 황실의 조상을 비롯한 전국 각지의 수많은 신을 모시는 것은 종교에 대한 개인적인 신조와는 무관한 도덕 행위로서 일률적인 국민의 의무가 되었다. 신도는 여러 종교와의 경합 관계에서 벗어나 누구나 따르고 지켜야 하는 도덕이 됨으로써, 도리어 종교의 상위에 위치하는 개념으로 진화했다. 오늘날 일본인들이 특별히 신도나 천황에 대한 종교적 믿음이 없는데도 불구하고 일상적으로 신사를 찾는 근본적인 이유는 여기에 있다. 신도가 어떤 일본의 전통적인 문화나 심성을 보존하고

_____ 태양의 여신 아마테라스를 모시는 이세신궁(伊勢神宮)은 '일본인의 마음의 고향'이라고 불린다. 이세신궁은 분명 오랜 역사와 전통을 지니고 있지만, 이를 일본인의 마음의 고향으로 연결짓는 감각은 근대 이후에 생겨난 것이다(ⓒ studio IRONY)

있기 때문에 전국에 9만여 개나 되는 신사가 지금도 존재하는 것은 결코 아니라는 말이다.

7. 죽은 어머니의 나라

종교와는 무관한 도덕이 된 신도는 그 이데올로기성을 일본 고유의 전통이나 문화라는 외피로 가리고자 했다. 일본 사람이 신도의 영험한 힘을 느끼고 신사에 참배하는 일은 비종교적인 일상적 경험으로 여겨졌고, 지금도 그렇다. 하지만 정말 신도는 일본 고유의 전통이자 문화에 국한되는 것일까? 전술했듯이 신도란 결국 일종의 샤머니즘에 가깝다. 그리고 샤머니즘은 일본과 한국은 물론 동북아시아 전역에 보이는 습속이기도 하다. 흥미롭게도 신도의 최상위에 위치하는 황실의 조상신과 그들의 신화에는 이와 같은 신도의 광역적 특성을 잘 보여 주는 사례가 많다. 마지막으로 이 점을 살펴보고 근대 이후 신도가 가졌던 역사적 의미에 대한 필자의 생각을 논해 보겠다.

일본의 신화는 남매 간의 사랑과 증오의 이야기로 시작한다. 우주의 신비한 존재 중 마지막에 위치하는 이자나기, 이자나미라는 남매가 지상 세계를 창조하고 하늘의 다리 위에서 긴 창을 바다에 휘휘 저어서 일본을 만들었다고 한다. 바다에 창을 꽂는 묘사에서 알 수 있듯이 이는 성행위의 완곡한 표현인데, 이후 산의 신, 곡물의 여신 등 각종 신을 출산하던 이자나미가 불의 신을 낳는 과정에서 생식기가 불에 타 죽게 된다. 이자나미는 황천 세계에 떨어지고 사랑하는 여동생이 그리웠던 이자나기는 이자나미를 찾아 황천 세계로 간다. 그러나 이자나미는 구더기와 같은 흉측한 모습으로 변해 있었고, 이자나기에게 이를 보이기 싫었던 이자나미는 황천을 빠져나갈 때까지 절대 뒤돌아보지 말라는 금기를 오빠에게 내린다. 이런 이야기의 결말은 누구나 예상할 수 있듯이 결국 궁금증을 참지 못한 이자나기가 뒤를 돌아보게 되고, 분노한 이자나미와 필사의 추격전을 벌이게 된다. 겨우 도망쳐 먼저 황천 세계를 빠져나온 이자나기는 거대한 바위를 놓아 이자나미가 건너오지 못하게 막았다고 한다.

자신을 버린 남편이자 오빠에게 이자나미는 당신 나라의 사람들을 매

———— 시마네현[島根県] 히가시이즈모쵸[東出雲町]에 있는 요모쓰히라사카[黄泉比良坂]. 사랑하는 두 사람이 영원한 이별을 맞은 황천의 경계라고 한다 (ⓒChiefHira)

_____ (좌) 이마테라스(ⓒUtagawa Kunisada[歌川国貞]), (중) 쓰쿠요미, (우) 스사노오(ⓒTsukioka Yoshitoshi [月岡芳年])

일 천 명씩 죽이겠노라고 저주의 말을 쏟아붓는다. 이자나기는 그러면 나는 매일 천오백 명씩 새로 낳겠다고 응수한다. 유치한 남매의 말다툼 속에 삶과 죽음의 경계 및 연속에 관한 관념 등이 엿보인다.

한편 황천을 벗어난 이자나기는 더럽고 불길한 것들을 씻어 내기 위해 강에 들어간다. 신사에 들어가기 전에 손과 입을 씻는 행위는 여기서 유래하는데, 이때 이자나기의 몸에서 여러 신들이 태어났다. 그중에서도 중요한 것이 태양의 여신 아마테라스, 달의 신 쓰쿠요미, 그리고 폭풍우의 신 스사노오다. 이자나기는 세 남매에게 천상계를 맡기는데, 여기서 또 다른 비극이 시작된다.

천상계를 지배한 것은 장녀 아마테라스였는데, 남동생인 스사노오는 항상 큰 소리로 울면서 여기저기 민폐를 끼치고 다녔다. 그는 죽은 어머니의 나라(妣ノ國) 신라가 그립다는 이유로 갖은 행패를 부렸다. 여기서 신라가 죽은 어머니, 즉 이자나미의 나라로 상정된다는 점을 기억해 두

자. 스사노오와 아마테라스의 대립은 점차 심해졌고 결국 아마테라스는 스사노오를 피해 동굴 속에 숨어 버린다. 태양의 여신이 동굴 속에 숨자 세상은 빛을 잃었고, 이에 천상계의 신들은 스사노오를 추방한 후 각종 음악과 춤으로 아마테라스를 동굴 밖으로 꾀어낸다. 세상은 다시 빛을 찾았고 천상계에도 평화가 찾아온다.

천상계에서 쫓겨난 스사노오가 찾은 곳은 한반도였다. 그는 한반도의 왕이 되었고 일본에 건너가 여덟 개의 머리를 가진 용을 퇴치하고 구시나다히메와 결혼하여 자손을 낳는다. 그 자손들은 이즈모[出雲] 지역(현재의 시마네현)에 자리를 잡고 지상계의 지배자가 되는데, 이즈모의 지역 신화에 따르면 이곳은 신라를 비롯한 여러 곳에서 땅을 끌어와 형성되었다고 한다. 그 후 아마테라스의 후손인 니니기가 천상계에서 지상계로 내려오는데(천손강림), 지상계의 지배자였던 오쿠니누시는 니니기와 다투지 않고 평화롭게 지배권을 넘겨준다. 이를 국토양도 신화라고 하는데, 이에 대해 1910년 한국을 병합했을 때 별다른 저항이 없었던 것을 국토양도 신화의 재현으로 해석하는 지식인도 있었다. 이렇게 천상계에서 내려온 신이 일본을 지배하게 되었고, 긴 시간이 흘러 그 후손인 진무 천황[神武天皇]이 '인간'으로서 초대 천황에 등극한다. 만세일계 신화의 시작이었다.

8. 신도의 광역성과 전쟁의 논리

위의 내용은 8세기에 간행된 『고사기(古事記)』와 『일본서기(日本書紀)』에 나오는 천황가 신들의 이야기, 그리고 지역의 신화로서는 드물게 남아 있는 이즈모 신화 등의 내용을 합쳐서 축약한 것이다. 각각의 서적에는 서로 다른 내용이 적혀 있는 경우가 많아서 오늘날에도 해석이 분분하지만, 여기서 중요한 것은 한반도가 중요한 존재로 자주 언급된다는 점이다. 일본 국가의 시원에 위치하고, 주권자 천황의 조상이며, 국민 통합을 위한 신도의 기원인 신화의 이야기 속에 한반도가 자주 등장한다는 것은 메이지정부로서는 골치 아픈 일이었다. 초창기 정부의 정사편찬사업을 주도했던 시게노 야스쓰구[重野安繹] 등은 이른바 '일선동조론(日鮮同祖論)', 즉 일본과 조선은 조상이 같다는 논리를 통해 이를 해결하려 했다. 일본의 신들이 한국에 왕래하고 그 땅을 경략한 것은 자랑스러운 일이라는 것이었다. 시게노는 1907년 오스트리아에서 열린 '제3회 만국학사원연합회 총회'에 제출한 영어 팸플릿에서 "이즈모는 자유로운 왕래를 통해 일본의 개발에 커다란 도움을 주었던 조선과 마주 보고 있다. 이러한 사실은 전통으로 이어지고 있으며 또한 고대사에서도 확인된다"라는 점을 강조하기도 했다.[9]

---

9 SHIGENO ANEKI(1907), *"FREE TRANSLATION OF A SYNOPTICAL LECTURE ON THE HISTORY OF JAPAN"*, William Clowes and sons, Limited, p.5.

그러나 신도가를 비롯한 우익적 국학자(國學者)들은 천황가의 신이 한국에서 왔거나 적어도 그와 깊은 관련이 있다는 주장을 불경하다며 강하게 비판했다. 일본만의 고유한 전통과 특수성을 지켜야 한다는 심산이었다. 결국 시게노 등의 논리는 철회되었지만, 이후 한국병합 등을 거치면서 일본과 한국의 동조 혹은 동근(同根)을 주장하는 담론은 꾸준히 재생산되었다. 신화의 내용은 물론, 신도 자체가 동북아 전역에 널리 관찰되는 샤머니즘의 일종이라는 사실이 이러한 담론을 뒷받침했다. 최남선은 3·1운동 이후 이와 같은 일본의 신화와 신도의 특성을 거꾸로 이용하여 일본에 대한 한국의 역사 문화적 우위를 주장하는 논리를 펼치기도 했다. 다시 말해 신도의 기원은 모두 한국에서 파생되었다는 것이다.[10]

최남선의 논리는 식민지 조선에서 발화된 제국주의적 역발상이라고할 수 있는데, 이 역시 신도가 지닌 광역적 특성에 기인한 것이었다. 그리고 이러한 특성은 1937년 중일전쟁 이후 일본의 전쟁 이데올로기와 손쉽게 결합했다. 도쿄제국대학의 종교학자였던 우노 엔쿠[宇野円空]의 다음 발언을 보자.

사람들에게는 늘 공통의 어령(御靈), 영(靈)이 있는바, 초목국토(草木國土)에 이르기까지 모두 하나가 되어 움직인다는 커다란 생명관이 존재합니다. 불교라든가 또는 지나의 유교라는 것은 이를 형편에 맞게 짜맞

---

10 심희찬(2013), 「'방법'으로서의 최남선: 보편성을 정초하는 식민지」, 윤해동·이소마에 준이치 편, 『종교와 식민지 근대: 한국 종교의 내면화, 정치화는 어떻게 진행되었나』, 책과함께.

춘 것으로 나중에 생긴 가르침에 불과합니다. 이러한 민족적 신앙 혹은 민족적인 하나의 세계관의 근저에는 민족종교라고 할까요, 종교문화가 가장 깊은 근저에서 움직이고 있습니다. 이것이야말로 장래 동아라는 것의 종교, 아니 저희들에게 있어서만큼은 도리어 문화의 지도정신을 구축해 갈 기조(基調)가 되지 않을까 생각합니다.[11]

우노는 불교나 유교 같은 기존의 사상 이전에 존재하는 '커다란 생명관'을 지적하고, 여기서 '동아라는 것의 종교', '지도정신을 구축해 갈 기조'를 모색하고 있다. 이 샤머니즘적 생명관이 일본의 신도를 가리키고 있음은 두말할 필요가 없는데, 1942년이라는 전쟁의 한복판에서 동북아 전역에 공통된 '종교적 마음'으로서 신도의 의미가 확장되고 있음을 알 수 있다. 정부 기관이 편찬한 책자에서는 신도와 제국주의의 결합이 더욱 노골적으로 드러난다.

금일 해외 각지에 진출해 있는 자가 그 땅을 정화하고 신사를 창립하는 것은 일본인으로서 그만두려 해도 그만둘 수 없는 경신(敬神)의 지성이 드러난 결과다. […] 대동아전쟁 발발 이래로 황위(皇威)가 나날이 높아짐과 함께 싱가포르, 홍콩을 비롯한 남방의 요지에도 앞다투어 신사가 창건되고 있는데, 신위가 사해에 빛남은 팔굉일우의 이상이 현현

---

11 宇野円空(1942), 「南方民族の宗教文化」, 古野清人 編, 『南方問題十講』, 第一書房, 88쪽.

하는 까닭이다.[12]

일본을 파시즘의 광풍에 몰아넣었던 '국가신도'의 사상, 즉 국가에 대한 도덕과 종교적 마음의 기괴한 결합이 이후 어떤 처참한 결과를 낳게 되는지 우리는 잘 알고 있다.

9. 착한 일본인과 그 망각

전쟁은 일본의 패전으로 끝났고 일본의 새로운 지배자가 된 점령군은 파시즘의 중심사상이었던 국가신도를 해체하기 위해 '신도지령'을 내린다. 하지만 천황이 인간선언을 하고 살아남았던 것과 마찬가지로, 신도 역시 무해한 전통과 문화로서 살아남았다. 종교성과 국가적 이데올로기는 박탈되었지만, 이와 반대로 신도가 일본인의 도덕과 심성을 간직한다는 모호한 인식은 더욱 강화되었다. 신사에서는 여전히 종교적인 실천이 행해졌지만, 신도는 종교 개념의 밖에 존재하는 것으로 여겨졌다. 미국은 '착한 일본인'을 원했다.[13] 필자는 가끔 오늘날 존재하는 수많은 신사가 일본인들이 정기적으로 자신이 도덕적이고 착한 일본인임을 재확인하기 위해 찾는 장소처럼 느껴질 때가 있다.

---

12 神祇院 編(1944), 『神社本義』, 26~29쪽.
13 해리 하루투니언(2011), 『착한 일본인의 탄생』, 정기인·이경희 옮김, 제이앤씨.

일본의 종교학자 아마 도시마로[阿満利麿]는 『일본인은 왜 종교가 없다고 말하는가』라는 책에서 일본인은 '창창종교(創唱宗教)', 곧 일정한 교조와 교리 등 형식적 측면을 갖춘 종교에 위화감을 가지는 경향이 있다고 말한다. 일본인은 창창종교가 아닌 토지나 집안의 신을 주로 숭배하고 특별한 교의가 없는 믿음의 부류인 '자연종교'에 친숙함을 느낀다. 그래서 좁은 의미의 '종교'를 어딘가 어색해하는 다수의 일본인이 자신은 무종교라고 말하지만, 실은 자연종교적 실천이 그들의 삶에 녹아 들어있다는 것이다.[14] 아마가 말하는 자연종교를 이 글에서 소개한 용법으로 바꾸어 말하면 '종교'와는 다른 '종교적 마음'이 될 것이다.

이러한 아마의 분석은 매우 흥미롭지만, 한편으로 필자는 어떤 위험성을 느끼기도 한다. 이 글에서 소개한 것처럼 현대 일본인들의 독특한 종교관은 근대 이후 정부의 종교정책과 여러 역사적 경위에 따라 형성된 것인데, 여기서 아마의 관점은 역사성을 소거하고 이를 마치 일본인의 내재적인 기본 심성처럼 생각하게 만들기 때문이다. 일본이라는 지역에서 전개된 종교적 전통의 특징은 분명히 있겠지만, 이를 초역사적으로 파악하는 행위는 자칫 국가의 이데올로기와 전쟁의 참상 등을 망각하는 결과로 이어질 수 있다. 그저 착한 일본인들만 남고 종교와 국가를 둘러싼 중요한 과거가 인식의 저편으로 사라지는 것을 막기 위해서라도, 우리는 일본과 신사의 문제를 계속 물을 필요가 있다.

---

14 아마 도시마로(2000), 『일본인은 왜 종교가 없다고 말하는가』, 정형 옮김, 예문서원.

1945.8.15. 패전과 귀환

-일본 전후문학의 이단자 아베 고보

오미정

한신대학교 일본학과 교수

1. 머리말

1945.8.15.이라는 역사적 사건은 동아시아에 어떠한 변화를 가져왔을까? 이날을 경계로 승전과 패전, 해방(독립)과 점령, 통일과 분단이라는 상황이 초래되었고, 남한과 북한, 중국과 타이완, 일본과 오키나와 같은 분단이 생겼다. 이로 인해 동아시아 각 지역에서 돌아가는 자와 돌아오는 자, 그리고 돌아오지 못하는 자가 생기고, 민족적, 국가적, 이데올로기적 대립에 따른 고향 상실, 월경과 이산(diaspora)이 초래되었다.

동아시아의 정치, 역사, 사회의 급격한 변화는 일본 문학에 어떠한 문제를 던졌을까? 첫째는 제국주의와 식민주의 청산이다. 식민지배를 둘러싼 기억의 충돌이 발생하고 과거의 봉인과 침묵이라는 상황에서 식민주의 청산은 미완의 과제로 남았다. 두 번째는 전쟁 책임으로 동아시아를 전쟁의 화염으로 몰아넣은 15년 전쟁을 서양에 대한 해방전쟁으로 볼 것인지, 아니면 아시아에 대한 침략전쟁으로 볼 것인지의 문제이다. 전쟁으로 문학가들은 협력/저항/회피, 가해자/피해자와 같은 상황에 내몰렸다. 일본은 가해자였지만, 히로시마 원폭과 같은 문제는 일본인들에게 피해자의 기억을 남겼기 때문이다. 세 번째는 전쟁 이후의 전통 복귀와 새로운 문화를 어떻게 건설할 것인가의 문제였다. 제국주의의 식민지 지배는 근대 이래 일본에 국가, 민족, 언어의 불일치라는 경험을 양산했고, 일본은 단일민족국가로의 동화정책을 시행했으나, 오히려 그 결과는 트랜스내셔널한 문학의 지향으로 나타났다.

이러한 일본의 전후문학에 월경과 이산의 경험을 한 식민지로부터의 귀환자들이 어떤 새로운 시야를 가지게 되었으며, 또한 어떤 문제의식을 재고하게 했는지를 고찰하려 한다. 식민지 귀환자들은 일본 국내의 일본인들과는 전후 일본을 바라보는 시각, 감성에서도 차이가 드러나, 일본 전후문학에 독특한 개성을 남겼다. 공통적으로 '고향을 잃은 사람들'이라는 것, 월경과 이산으로 일본의 '외부자'의 시각을 가질 수 있었다는 것, 식민지에서 생활하였기에 식민, 전쟁, 패전체험의 기록과 기억의 첨예한 갈등이 존재한다는 것이었다. 중국에서 귀환한 다케다 다이준[武田泰淳, 1912-1976], 구 만주에서 귀환한 아베 고보[安部公房, 1924-1993], 조선에서 귀환한 모리사키 가즈에[森崎和江, 1927-]와 같은 작가들이 등장하였는데, 특히 아베 고보의 패전과 귀환 경험이 어떻게 일본 전후문학의 이단자로 불리는 감성을 창조했는지 살펴보고자 한다.

2. 재만(在滿) 2세 아베 고보

현 중국 동북 3성(구 만주)에서 일본인 이민자로 성장하고 일본으로 귀환한 아베 고보는 프랑스 식민지 알제리에서 이민자로 성장한 알베르 까뮈처럼 '이방인'으로서의 감각을 문학화한 작가이다. 전위적 경향과 독특한 문학으로 일본 전후문학의 '카프카'로 불린다.

아베 고보의 가계는 근대 이래 계속해서 월경과 이주를 반복했다. 1894년에 조부모가 홋카이도로 이주하였고, 부친이 다시 남만주의학당(1922년부터 만주의과대학으로 승격)을 졸업하고 봉천(奉天, 현 瀋陽)에서 의사로 근무하게 되어, 도쿄에서 출생한 아베도 1925년부터 봉천에서 성장하게 되었다.

아베 고보가 1살 때부터 자란 만주에는 일본에 의해 만주국(1932-1945)이라는 괴뢰국이 존재했다. 일본의 식민지 획득을 위한 야욕으로 생긴 이 국가는 동아시아의 여러 민족이 공생한다는 '오족협화(五族協和)'라는 이념을 내걸었으나, 결국은 일본의 꼭두각시국가였다. 아베는 식민지 안의 섬처럼 형성된 일본인들의 집합 거주지에서 '만주의 일본 아이'로 자랐다. 식민 모국이 아닌 식민지의 일본인이라는 '주변인'의 위치가 식민 모국에 대해서는 열등감을, 식민지에 대해서는 우월감을 낳는 이중적 성격을 보여 준다. 만주국은 오족협화라는 일종의 다민족주의적인 허위의식과 일본인이라는 선민(選民)의식이 첨예하게 대립하는 공간이었다. 따라서 '동화'와 '배제'라는 식민주의적 시선을 끊임없이 자각하며 성장한 것이 식민지의 현실이었다.

그가 성장한 봉천은 청나라 왕조의 발상지이고, 러일전쟁(1904)에서 이긴 일본이 만주철도(이하 '만철'로 지칭)의 최대 철도 부속지[1]로서 개발한 도시였다. 1934년 봉천의 만철 부속지는 일본인만 5만 명인 대도시로 성장했으며, 상하수도가 완비되고, 도로도 포장되어 생활기반이 정비되어 있었다. 중국의 변방인 봉천에 근대적 도시계획과 건축을 세운 일본의 우위를 보여 주고자 공원, 시장, 중국 동북부 지방 최대 규모라고 자랑한 봉천국제경기장 등의 공공시설이 만들어졌다.

아베는 만철이 설립한 만주의과대학에 소속되어 있던 부친을 따라 1925년에 봉천으로 이주해서 만철 부속지에서 자라고, 만철이 운영한 지요다[千代]소학교와 봉천 제2중학교를 다녔는데, 만철 부속지라고 하는 토지의 특성상, 15년간 그가 받은 교육은 특권적인 엘리트교육임과 동시에, 일본 국내에 비해 상대적으로 자유로운 교육이었다. 재만(在滿) 2세로서 아베는 내지중심(內地中心)에서 현지적응중심 교육으로 변화된 시기에 교육을 받았다.

> 모든 인류는 자신의 고향을 사랑한다. 따라서 만주에서 태어나 그 땅에서 교육받는 자는 일본 국내가 아무리 기후가 온화하다고 해도 일본을 그리워할 것이 아니다. 그들은 만주에 정착한다. 실제 만주 이민 차세대들은 그러한 감정뿐이다. 따라서 만주에서 한 명이라도 많이 교육하는 것이 만주에 있어서 우리 이민정책의 기본이 되어야 한다.[2]

---

1 원래는 만철의 철도연선을 따라 획정된 철도의 건설과 수비에 필요한 토지를 말한다. 그러나 그 토지는 중국 땅임에도 만철이 배타적·절대적 행정권을 갖는 지역이고, 그 지역의 치안유지를 위해 일본이 독자의 수비대를 갖추었다. 또한, 그 토지에 일본인들이 거주하는 지역을 광대하게 설정해서 그 중심으로 학교, 병원, 공원, 신사를 세워 근대적 도시를 개발했다. 西沢泰彦(1996), 『満州都市物語』, 河出書房新社, 26-27쪽.
2 保々降矣(1932), 『岩波講座 教育科学 第十冊』, 岩波書店, 7-8쪽.

재만 2세로서 아베는 일본이 아닌 만주의 풍토와 환경을 고향으로 삼아야 한다는 이념에 근거해서 성장했음을 알 수 있다. 그러나 현실은 조금 달랐다. 왜냐하면 그들은 만주인이 아니라 충성스런 일본국 '신민(臣民)'이었기 때문이다. 아베는 소학교 시절 사용한 교과서에 대한 위화감을 다음과 같이 토로하고 있다.

> 그런데 학교에서 사용하고 있는 것은 일본의 교과서잖아, 일본의 교과서에 나오는 풍경이라고 하는 것은 집 바로 뒤에 산이 있거나 강이 있거나 하지. 계곡이 있고, 개울이 있어, 거기에서 물고기들이 헤엄치고 있는 그런 내용이어서는 만주의 아동들은 열등감에 빠지는 수밖에 없지. 그야말로 판타지가 아닌가? 동경(憧憬)이지. 창문에서 슬쩍 보면 산이 보인다니, 완전히 초콜릿으로 만든 상자와 진배없지.[3]

만주에서 태어나고 자란 학생이 본 적 없는 일본의 사계절과 풍경을 배우는 것은 괴이한 광경이다. 그들은 본 적도, 가본 적도 없는 서양식의 생활과 풍물을 서적으로 접하면서 서양을 동경한 메이지시대의 일본인들처럼, 교과서로 일본의 생활과 풍물을 접하며 일본에 대한 환상을 키웠다. 상기 인용문에서 아베의 술회는 만주의 일본인 교육이 당연시하는 '일본적 서정'과의 괴리를 보여 준다. 지평선과 모래바람, 긴 겨울, 추위,

---

3 安部公房(1984.1), 「錨なき方舟の時代」, 『すばる』; 인용은 나음에 따름. 『安部公房全集 27』(2000), 新潮社, 156쪽.

사막적 풍토인 만주에서 집 바로 뒤에 산과 개울이 보이는 풍경은 상상에 지나지 않았다. 아베의 교과서에 대한 회상은 바로 그러한 일본적 감정에 대한 위화감이 소학교 시대에 이미 싹트고 있었던 것을 의미한다. 아베 고보의 소설에서 반복적으로 나타나는 '사막', '모래', '건조'한 이미지는 식민지적 풍경과 관련이 있다.

일본적 서정과의 거리감은 단순히 감성적 인식뿐 아니라, 내셔널 아이덴티티에 대한 의문으로서도 나타나, 내셔널리즘과 코스모폴리타니즘과의 길항과 평행이라는 문제의식으로 나타난다.

3. 식민지에서 잿더미 일본으로

일본은 8·15로 전쟁에서 패배하고, 제국주의하에서 획득한 만주, 조선, 타이완이라는 식민지를 상실하여 일본열도로 영토가 축소되었다. 문제는 근대 이후 국경을 넘어 생계를 위해, 전쟁을 위해, 이념을 위해 다양한 이유로 해외로 나간 일본인들이 열도로 돌아와야 하는 상황이 발생했다는 점이다. 이렇게 식민지에서 돌아온 역사적 사건을 히키아게(引揚)라고 일본에서는 지칭한다. 한국어로 번역하면 귀환(歸還) 정도에 해당한다.

1945년 패전으로 일본인 군인, 군속과 함께 일반인들도 해외 자산을 포기하고 귀국하였는데, 당시 해외에 660만 명 이상의 일본인이 있었고, 1946년까지 500만 명 이상이 귀환하였다. 그중에서도 군인이 아닌 일반인들은 북한에서 약 30만 명, 한국에서 41만 명, 중국 동북부(구 만주) 100만 명을 비롯하여 300만 명을 넘었다.[4] 만주에서의 귀환 과정은 폭력과 차별적 식민지배자의 몰락이 야기한 반대적 폭력과 증오로 쉽지 않았고, 특히 소련 참전과 중국 내전으로 중국 동북부(구 만주) 지방에서의 귀환은 극도로 곤란하였다. 또한 연합국의 정책으로 식민지에서 획득한 재산의 반출은 엄격하게 금지되어 있었기에, 식민지에서 일본으로 돌아가는 귀환자들은 자신들의 직업을 유지할 수 없었고, 토지와 재산의 반출은 제한되었으며, 또한 일본 국내의 인적, 경제적 기반이 부족하였기에, 일본 귀국 후의 생활은 험난했다.

패전이 된 일본은 어떤 상황이었을까? 일본은 Occupied in Japan (1945.8.15.-1952.4.28.)이 되어, 연합군이 점령하고 있었다. 15년 이상에 걸친 긴 전쟁으로 일본은 잿더미로 변하고 점령으로 미군 기지가 산재하는 풍경이 되었다. 연합국은 일본에 민주화와 비군사화 정책을 시행하여, 일본국 헌법으로 상징천황제와 전쟁의 포기를 명문화하였다. 패전과 점령으로 인한 패배감과 잿더미로 변한 전후의 현실은 극도의 혼란과 궁핍을 야기했으며, 일본인들의 가치관에 혼란을 가져왔다.

이러한 상황에서 해외에서 돌아온 600만 명 이상의 식민지 귀환자들은 일본 국내에서 공습으로 잿더미가 된 열도의 일본인들을 더 힘들게 하는 식민지에서 호의호식하던 존재들로 인식되어, '귀환자(=引揚者, 히키아게샤)'라는 꼬리표는 전후 일본에서 새로운 차별과 배제, 혐오의 대상이

---

4 若槻泰雄(1991), 『戰後引揚の記録』, 時事通信社, 46쪽.

되었다.

1945년 8월 15일의 패전을 아베 고보는 봉천에서 맞이했다. 전쟁의 종결은 이제까지의 지배질서가 180도 바뀌는 상황이 되어, 남의 땅에 무단으로 정착한 일본인의 추방으로 이어졌다. 극도의 혼란 속에서 부친은 전염병으로 사망하고, 1947년 일본 사세보로 천신만고 끝에 가족과 함께 귀환하였다. 아베는 의사인 부친의 가업을 잇고자, 도쿄의과대학에 재학 중이었지만, 귀환 후 졸업을 포기하고 소설가가 되었다. 봉천에서 일본으로 돌아오는 데 약 2년의 시간이 걸린 것인데, 이때의 체험은 그의 데뷔작 『끝난 길의 표지로[終りし道の標べに]』(1948)에 잘 드러난다.

아베 고보는 만주에서 이방인이 되어 추방당한 한편, 돌아온 일본에서는 정착할 집도 없이 방황하는 '고향상실자'가 되었다. 이 패전과 귀환의 경험에서 아베는 자신의 문학에서 중요한 두 가지를 발견한다. 첫 번째는 패전으로 만주국이 사라지며, '국가'가 소멸하는 경험을 하여, 국가는 가변적이라는 것을 인식했다는 점이다. 두 번째는 귀환 과정에서 일본국에 의해 사실상 '버려진 자들'로서 일본이라는 국가(nation)에 대해 의문을 제기하게 되는 것이다. 국가가 아닌 '개(個)'를 의지하여 살아남아야 했던 한계적 상황에서 주체의 위기가 드러난다. 만주에서의 귀환을 소재로 한 소설 『짐승들은 고향을 향한다[けものたちは故郷をめざす]』(1956)는 작가의 귀환 체험이 녹아 있는데, 소설 주인공은 만주를 가로질러 겨우 닿은 일본을 목전에 두고, 귀환선에서 이렇게 외친다.

아무리 가도 한 발짝도 황야에서 벗어날 수 없다. 혹시 일본 따위 어디

에도 없는 게 아닐까 […] 내가 걸으면 황야도 함께 걷는다. 일본은 점점 도망가 버린다…[5]

1950년대 다수 발표된 귀환서사의 형식을 차용하고 있지만, 가장 다른 점은 귀환에 필사적인 주인공의 일본에 대한 동경과 만주에 대한 노스탤지어가 귀환 도상에서 계속해서 좌절되는 과정을 그리고 있다는 점이다. 주인공이 향한 '일본'이 없을지도 모른다는 생각이 고개를 들면서, 주인공 부자 2대에 걸친 '고향 찾기'는 절망적으로 좌절된다. 만주국인이면서 또한 일본인이고, 이민이면서 또한 식민인 이중성을 통해 초래된 아이덴티티의 위기를 물음으로써, 소여된 아이덴티티 자체의 불확정성을 발견해 가는 과정이 소설의 핵심이다. 소설 제목에 있듯 황야의 '짐승'처럼 주인공은 '단독자'로서 세계와 마주보지 않을 수 없다. 고향에 도달하는 데 실패했음에도, 주인공은 소설 제목처럼 다시 '고향'을 '향할' 수밖에 없을 것이다. 그것은 내셔널 아이덴티티에 의해 구획된 단일한 '고향'을 지향하는 것이 아니라, 귀속과 기원으로서의 '고향'을 무한히 상대화해 가는 프로세스이고, 또한 공동체에 의지하고자 하는 심정의 소여로부터 자립을 추구할 수밖에 없다는 것이다. 이 지점에서 만주로부터의 귀환서사는 피해자의 서사를 반복하는 실감적 체험기를 극복해 간다.

가와무라 미나토[川村湊]는 귀환을 제재로 한 텍스트에 드러나는 공통

---

5 安部公房(1957), 『けものたちは故郷をめざす』, 大日本雄弁会講談社; 인용은 다음에 따름. 『安部公房全集6』(1998), 新潮社, 451쪽.

점으로써, '귀환자 정신'을 들었다.[6] 그 정신은 무엇보다도 개인을 지키고자 하는 기개이며, 일체의 통념과 상식 그리고 제도적인 사고를 본질적으로 믿지 않는 태도라고 한다. 아베의 소설에서 공통된 내셔널한 공동체의 함정을 전복시키며, 단독자로서의 삶에 보편성을 찾아내는 방향은 이 '귀환자 정신'에서 유래하는지도 모른다.

4. 홈리스(Homeless)들의 전후(après-guerre)

아베 고보는 「벽-S·카르마씨의 범죄[壁-S·ヵルマ氏の犯罪]」(1951)라는 소설로 제25회 아쿠타가와상을 수상하며, 전후문학에 본격적으로 등장하였다. 또 「붉은 누에고치[赤い繭]」(1951)로 제2회 전후문학상도 수상하였다. 대중적으로는 『모래의 여자[砂の女]』(1962)라는 소설로 인기를 얻었다. 이 초기 소설들은 식민지에서의 귀환 후 점령의 현실을 리얼하게 드러내고 있다. 전후 일본문학에서 아베 고보는 집(고향)의 상실, 변형으로 표현되는 주체의 상실이라는 주제를 던졌다.

일본의 식민지배를 경험한 동아시아인들에게는 패전으로 인한 당연한 회복으로 이해될 수 있지만, 식민지에서 귀환하는 일본인들에게는 어제까지 거주한 '집'과 고향에서 추방되어 낯선 일본으로 돌아가는 것은 자신의 아이덴티티가 분열되는 경험이었다. 자신의 과거와 기억이 부정

---

6 川村湊(1990), 『異郷の昭和文学』, 岩波新書, 155쪽.

되어야 할 대상이 되고, '일본'이라는 낯선 관념과 대면하면서, 일본에 동화되지 못하는 이방인의 감각을 가지게 되었다. 패전 후 일본은 추방된 식민지만큼이나 낯선 곳으로 그려진다. 전후 일본은 패전으로 집과 고향을 잃은 사람들이 넘쳐나는 곳이었다.

___ 아베 고보

패전과 귀환이라는 역사적 대역전이 한 개인의 경험에서는 지속되어야 하는 일상의 붕괴, 귀속되어야 할 공동체의 해체, 고향의 상실로 나타났고, 여기에서 유래하는 '집'이라는 테마는 아베가 평생 추구한 주제였다.

『벽(壁)』(1951)에 실린 「붉은 누에고치」는 날이 저물어도 돌아갈 집이 없어 거리에서 방황하는 '나'가 '누에고치'로 변하는 과정을 표현하였다.

날이 저물고 있다. 사람들은 보금자리로 돌아갈 때이지만, 내게는 돌아갈 집이 없다.

나는 집과 집 사이에 난 좁은 틈을 천천히 걸어 다닌다. 거리마다 이렇게 많은 집들이 늘어서 있는데, 내 집이 한 채도 없는 것은 왜일까?…하고, 몇만 번이나 되풀이한 물음을 또 되풀이하면서.[7]

귀환자에게 '집'이란 어떤 의미일까? 이미 패전으로 만주국은 사라지고, 아베에게 고향은 실체적, 지역적 공간으로서의 의미가 아니라, 기억과 심상에 존재하는 공간이 되어 버린다. 한국전쟁으로 인한 분단으로 이산가족들이 고향을 방문하지 못하듯이, 귀환한 일본인들도 중일국교정상화(1972) 이전까지는 방문하지 못했다. 식민 1세와 달리 식민지에서 나고 자란 식민 2세에게 식민지야말로 고향이고, 전후 그들은 고향에서 추방당한 실향민의 상태에 놓인다. 더구나 그 고향은 패전과 함께 일본인들에게는 '고향'이라 말할 수 없는 곤란한 상태가 되어 버린다. 그 '곤란함'은 고향이 단순히 소여의 공간이 아닌, 식민지배에 의한 침략과 이주의 결과물이었기 때문이다.

아베 고보는 집을 잃고, 물질로 변형하는 인간으로 표현했다. 집(家)이란 거주하는 'house'이기도 하고, 정서적 안식처로서 'home'이기도 하다. 공원 벤치에서도 쫓겨나 쉴 곳을 찾아 거리를 방황하던 '나'는 인간이라면 누구에게나 있어 마땅한 집이 '나'에게만 부재하다는 부조리함에 스스로를 소멸시켜 '집'을 만들어 낸다.

그리고, 마침내 나는 소멸했다.

그 뒤에 커다란 텅 빈 누에고치가 남았다.

7 　安部公房(1951), 「赤い繭」, 『壁』, 月曜書房; 인용은 다음에 따름. 『安部公房全集2』(1997), 新潮社, 492쪽.

아 아, 이제 겨우 쉴 수 있다. 석양이 붉게 누에고치를 물들였다. 이것
만큼은 확실하게 누구로부터도 방해를 받지 않을 내 집이다. 그렇지
만, 집이 생겨도 이번에는 돌아갈 내가 없다. 누에고치 속은 시간이 멈
추었다. 밖은 어두워졌지만, 누에고치 속은 언제나 석양으로, 안쪽에
서 비추는 저녁노을 빛으로 붉게 빛나고 있다.[8]

그러나 시간이 멈추었다는 것에서 분명하게 드러나듯이, 변신 과정에
서 '나'라는 주체는 소멸하고 남은 집에 이제는 '나'가 사라지는 아이러니
한 상황이 된다. 이 아이러니에 귀환과 패전이 초래한 주체의 위기가 선
명하게 드러난다.

패전 직후 「붉은 누에고치」에서 '집'을 상실한 주체의 위기를 표현했
다면, 고도성장기에 들어간 1960년대에는 '집'이라는 고정관념에 이의를
제기하며, 귀속과 기원으로서 '공동체'를 부정한다. 소설 『모래의 여자』
에서 곤충채집을 위해 사구 마을에 온 남자는 일상을 떠나 사구로 온 이
유로 '유동하는 집'을 꿈꾸었기 때문이라 한다.

모래… 모래 쪽에 서면, 형태가 있는 것은 전부 허무하다. 확실한 것은
그저, 모든 형태를 부정하는 모래의 유동뿐이다. […] 물에 배라면, 모
래도 배라면 될 터이다. 집의 고정관념으로부터 자유로워지면, 모래와
싸움에 쓸데없는 노력을 할 필요도 없다. 모래에 뜬, 자유로운 배… 유

8　安部公房(1951), 앞의 책, 492쪽.

'모래'로 상징되는 가변적이고 유동하는 집은 전후의 아노미적 상태를 지나 고도성장기에는 고정화되고, 일본이라는 공동체의 기원과 귀속의 대상이 되어, 주체를 억압하는 현실의 대안적인 메타포로 나타난다. 나아가 1970년대에는 집 자체를 부정하고, 상자로 만들어진 임시적 거처에서 익명의 삶을 추구하는 현대인을 표현하고 있다.

> 한 번이라도 익명의 시민을 위한 익명의 도시. […] 언제라도 저 좋을 때, 무명의 인파 속으로 섞여 들어갈 수 있는, 그런 거리를 그려보고 꿈꿔본 적이 있는 자라면, 남의 일이 아니다. 늘 A와 똑같은 위험에 노출된 것이다.[10]

개인의 아이덴티티를 규정하는 집도, 이름도, 직업도, 얼굴도 없이 도시의 익명을 추구하는 A는 이미 '누에고치'와 다를 바 없는 주체의 위기를 보여준다.

---

9 安部公房(1962), 『砂の女』, 新潮社; 인용은 다음에 따름. 『安部公房全集16』(1998), 新潮社, 138쪽.
10 安部公房(1973), 『箱男』, 新潮社; 인용은 다음에 따름. 『安部公房全集16』(1999), 新潮社, 20쪽.

5. 일본적 서정과 결별하는 전후문학의 아방가르드

아베 고보의 문학은 '변형담'과 '우화'라는 형식이 특징적이다. 전쟁이 초래한 주체의 상실과 분열이라는 트라우마는 주체의 변형이라는 형식으로 표현되었고, 그 의미는 우의적으로 표현되었는데, 이전의 일본 문학에서 보기 어려운 새로운 실험이었다. 특히 변형담은 우의적인 허구에 그치지 않고 전후의 일본 독자에게 강한 리얼리티를 안겨주었는데, 전후 일본의 상황과 유비되었기 때문이다. 신에서 인간이 되어 절대군주에서 상징이 된 쇼와 천황은 전후 일본에서 가장 유명한 '변신' 사건이었기 때문이다. 인간으로의 변신을 수치심도 없이 받아들이는 굴욕적 상황이 '점령'이라는 전후 일본의 현실임을 아베의 변형담은 보여준다.

그 결실이 『벽』이다. 이 단행본에 수록된 「사업(事業)」(1950), 「홍수(洪水)」(1950), 「마법의 분필[魔法のチョーク]」(1950), 「바벨탑의 너구리[バベルの塔の狸]」(1951), 「붉은 누에고치」, 「벽-S・카르마씨의 범죄」는 전부 인간이 분필로, 너구리로, 누에고치로, 벽으로 바뀌는 변형담 형식이다.

어디를 봐도 광야뿐입니다. 나는 조용하게 한없이 성장해 가는 벽입니다.[11]

---

11 安部公房(1951), 「S・カルマ氏の犯罪」, 『壁』, 月曜書房; 인용은 다음에 따름. 『安部公房全集2』(1997), 新潮社, 451쪽.

인간에서 벽으로 바뀌거나 '인간'에서 '누에고치'로 변형되어 인간으로서의 '나'는 소멸하고, 주체가 없는 광야의 벽이나 텅 빈 집이 탄생한다. 이러한 메타포는 패전과 귀환으로 인한 상황의 변화로 전후 일본인이 주체에서 객체로 소외된 사실과 패전 후 일본인들의 정체성에 초래된 위기를 보여 준다. 전후라는 부조리한 상황 속 인간의 실존을 시각적으로 보여 주는 것이다. 아베가 시도한 이러한 표현은 상식과 일상을 전복시키는 초현실주의적 경향인데, 이는 근대 이래의 일본적 리얼리즘에 저항하는 문학적 도전이기도 했다.

　「붉은 누에고치」의 변신 장면을 인용해 본다.

> 탁하고 신발이 발에서 떨어져 지면에 떨어지고 나서, 나는 사태를 이해했다. 지면이 뒤틀린 것이 아니라, 나의 한쪽 다리가 짧아진 것이었다. 실을 끌어당김에 따라 내 다리가 점점 짧아져 갔다. 해진 재킷의 팔꿈치가 풀려나가듯, 내 다리가 풀리는 것이었다. 그 실은, 수세미의 섬유처럼 분해된 나의 발이었던 것이다.
>
> 실은 이윽고 내 전신을 자루처럼 감쌌는데, 그래도 풀리는 것을 멈추지 않고, 몸통에서 가슴으로, 가슴에서 어깨로, 점점 풀려서는 자루를 안쪽에서 단단하게 했다.[12]

　이 변형의 묘사는 마치 초현실주의 화가 르네 마그리트가 그린 〈붉은

12　安部公房(1951), 앞의 책, 494쪽.

모델〉(1935)을 언어로 표현하고 있는 듯하다. 마그리트가 발인지 구두인지 경계가 모호한 초현실적 상황을 그린 것처럼, 아베는 현실에서 불가능한 부조리함을 언어로 표현함으로써, 상식과 고정관념을 비틀어 세계를 새로운 시선으로 보여 주고 있다. 아베의 변형담은 초현실적, 상상의 세계를 표현함으로써, 전후 일본의 현실을 보다 분명하게 보여 준다. 이 일본적 자연주의와 무관한 전위적 표현이야말로 일본 전후문학에서 아베 고보 문학이 갖는 새로움이다.

소설은 여기서 그치지 않고, 누에고치로 변한 '나'가 누군가의 장난감이 되고 나서야 끝이 난다.

> 그는 누에고치가 된 나를 기차의 건널목과 레일 사이에서 발견했다. 처음에는 화를 냈지만, 곧 진귀한 물건을 습득했다고 마음을 고쳐먹고, 호주머니에 넣었다. 한참 그 안에서 뒹굴뒹굴거린 후에 아들의 장난감 상자로 옮겨졌다.[13]

주체가 소멸한 누에고치인 '나'는 나의 의지와 무관하게 기차 선로에서 '그'에게 획득되고, 다시 아들의 장난감 상자로 옮겨진다. 8·15를 경계로 제국에서 피점령국으로, 지배자에서 식민자로 변하며 분열하는 '일본'이라는 주체의 아이덴티티처럼 말이다. 주체를 소멸시켜 얻은 집은 또다시 누군가에게 좌지우지되는 부조리한 상황에 놓이는데, 이러한 전

---

13 安部公房(1951), 앞의 책, 494쪽.

후 일본의 '부조리'한 상황을 초현실적 형식으로 표현한 것이다.

6. 맺음말

이상, 전후 일본에서 식민지 귀환자와 그들의 문학이 던진 의미에 대해서 고찰했다. 특히 아베 고보는 구 만주에서의 식민지 경험, 식민지에서 맞은 패전과 귀환, 그리고 점령하의 일본을 경험하고 그 정체성의 혼란과 위기를 표현하였다. 전후 일본의 이방인이라는 감각으로 '고향', '집', '국가'의 문제를 '변형'과 '우화'라는 문학 형식으로 전위적으로 표현하였다. 일본적 서정에 거리를 두고, 일본의 폐쇄적인 내셔널리즘에 의문을 던지며 코스모폴리타니즘적 세계를 지향하려 했다.

아베 고보는 식민지에서 자란 일본인 작가로서, 식민지 경험은 피식민자의 아이덴티티 문제 이상으로 식민자의 문제이기도 했다. 식민지의 현지적응주의에 동조했지만, 아베도 다른 식민지의 일본인들처럼 일본어 외에는 구사하지 못하는 일본인으로서 일본 전후문학에서 '고향으로서의 만주'라는 노스탤지어와 그 감정에 내포된 식민지성을 자각하며 자신의 식민지 경험을 다시 물었다. 아베 고보의 문학적 특수성이란, 귀환자로서 자신의 식민지 경험과 귀환 경험의 이율배반적인 중층성에 스스로 주목할 뿐 아니라 일본, 일본인, 일본어, 일본 문화라는 이름으로 모든 것을 '단일한 정체성'으로 귀속시키려는 현상에 대해, 자신이 일본 전후사회에 속해 있음에도 불구하고 외부자의 시각으로 의문을 던졌다는 점에 있다.

모리사키 가즈에, 식민지 경험을 말하다

−식민지 조선에서 패전 일본으로

오미정

한신대학교 일본학과 교수

1. 머리말

1945년 제2차 세계대전의 종결로 동아시아에서는 수많은 월경과 이산자가 발생하였다. 식민지에서 일본으로, 일본에서 식민지로 향하는 거대한 인간의 이동이 일어났기 때문이다. 식민지 조선에 있던 일본인들도 조선을 떠나 한반도와 단절되었지만, 20년 후 1965년 한일기본조약의 수립으로 국교가 성립되면서 다시 과거의 거주지를 방문할 수 있게 된다.

한일회담은 일본인들에게 식민지 조선에 대한 기억과 경험을 기술하는 데 전환점이 되었다. 식민지 조선에서 일본으로의 히키아게샤[引揚者], 즉 귀환자들은 식민지 경험을 어떻게 바라보았을까? 특히 식민지 조선에서 나고 자란 일본인들의 식민지 조선을 바라본 시선은 어땠을까? 그들은 전후 일본에서 식민지 경험에 대해 어떤 담론들을 만들어 내었을까? 해방 후 한국을 바라보는 시선에는 어떤 그늘을 드리웠을까?

식민지 조선은 해방 조선이 되었고, 돌아간 일본인들은 일본 전후문학에 다수 등장하였다. 평양 출신 후루야마 고마오[古山高麗男, 1920-2002], 서울 출신 가지야마 도시유키[梶山俊之, 1930-1975], 수원 출신 유아사 가쓰에[湯浅克衛, 1910-1982], 진주 출신 고바야시 마사루[小林勝, 1927-1971], 대구 출신 모리사키 가즈에[森崎和江, 1927-] 등. 그중에서도 모리사키 가즈에는 『경주는 어머니가 부르는 소리』(1984) 등에서 식민지에서 나고 자란 '식민 2세'로서 자신의 식민지 경험을 깊게 응시하고, 전후 일본에서 자신의 아이덴티티를 정립한 작가로 주목받는다.

2. 식민지 조선의 일본인

재조일본인이라 불리는 사람들이 있다. 과거 일본의 메이지유신 이래의 식민지배정책으로 조선에 정착한 일본인들을 가리킨다. 개항기에 조선으로 넘어온 일본인들은 여행자의 시선으로 풍경으로서 식민지를 표현하였다. 근대 일본의 계몽가 나쓰메 소세키[夏目漱石, 1867-1916]가 대표적이다.

> 만한을 여행해 보니 일본인은 늠름한 국민이라는 생각이 들었습니다. 따라서 어딜 가거나 자랑스럽고 기분이 좋습니다. 이와는 반대로 중국인이나 한국인을 보면 아주 안타깝습니다. 다행히 일본인으로 태어나서 행복하다고 생각합니다.[1]

---

1 夏目漱石(1909.10.18.), 「満韓の文明」, 『朝日新聞』, 朝日新聞社.

1910년대에는 한일병합으로 식민지로 이주하는 일본인이 늘면서, 일본인의 식민지인에 대한 차별과 폭력도 일상화되었고, 3·1운동처럼 조선인의 저항도 분출되었다. 1920년대에는 일본으로 이주하는 조선인이 증가하고, 식민지 출신에 대한 차별과 혐오도 심해지는데, 1923년 도쿄 간토대지진에서의 조선인 학살이 대표적이다. 아쿠타가와 류노스케[芥川龍之介, 1892-1927]는 간토대지진에 대해서 쓴 에세이 「대진잡기(大震雜記)」(1923)에서 자경대원이었던 본인의 경험에 입각하여 일본의 '선량한 시민'이란 볼셰비키와 불령선인의 음모가 존재하는 것을 믿는 자'라 하여, 재일조선인을 천황에 불경한 '불령선인'이라 지칭하여 대지진 후의 혼란을 조장한 장본인이라 믿어 의심치 않았다.

1930년에서 1945년까지 전쟁의 시대에는 내선일체론이 주장되었다. 그러나 현실은 조선인을 '2등 황국신민'으로 간주하고 창씨개명과 일본어가 강제되었다.

1945년 패전으로 약 70만 명의 재조일본인들은 다른 일본의 식민지 지역과 마찬가지로 조선에서 쫓겨나 일본에 돌아가야 했다. 일본의 식민지 중에서도 동화정책을 철저하게 관철하여 일본의 연장으로서 일본화하려 한 그 토지에서 일본열도로 돌아가야 했던 것이다. 반대로 일본에는 해방 후 한반도로 귀환하지 못한 약 60만 명의 재일조선인들이 남았다.

1945.8.15. 이후 한일 양국의 국교 단절 상태는 20년간 이어졌다. 한국은 4·19로 일어난 '민주주의' 요구가 5·16 군사쿠데타로 좌절되고, '반공'이 국시가 되었으며, 경제적으로 미국과 일본의 원조 경제에 종속되

는 시대로 접어들었다. 일본은 보수 세력에 대항하여 전후 '민주주의'를 높이 외쳤지만, '고도 경제성장'이라는 파도가 그 운동을 약화시켰다. 난항 끝에 1965년 '대한민국과 일본국 간의 기본관계에 관한 조약', 줄여 '한일기본조약'이 수립되면서, 한일 간에 다시 국교가 정상화되었다. 교섭 과정 자체가 한일 간의 식민지 기억의 충돌, 대립을 보여 주었기에, 한일기본조약은 한일 양국에서 거센 반발을 불러일으켰다. 외교 및 영사 관계, 재일조선인의 법적 지위, 청구권, 경제 협력과 어업문제에 관한 협정은 식민지 지배와 전쟁에 대한 일본의 책임을 비롯하여 세부에 있어 문제가 해결되지 않은 불완전한 조약이었다.

불완전한 조약이지만, 식민지 조선에서 귀환한 일본인에 한정해서 생각해 본다면, 패전 이후로 갈 수 없게 된 조선 땅을 다시 밟을 수 있게 되었다. 실제로 많은 일본인들이 1965년 이후 고향 방문, 모교 방문의 목적으로 한국을 찾았다. 한일회담은 일본인들에게 식민지 조선에 대한 기억과 경험을 기술하는 전환점이 되었다. 1965년 이후, 봇물처럼 조선에 대한 경험을 기술하는 회상기가 많이 쏟아지는데, 이들은 식민지 경험을 어떻게 바라보았을까?

다카사키 소지[高崎宗司, 1944-]는 식민지 조선을 바라보는 일본인의 시선을 크게 세 유형으로 나누었다. 제1유형은 자신들의 행동이 훌륭했다고 하고, 식민지 지배를 정당화하고 식민지 근대화론을 주장한 인물들을 들었다. 제2유형은 순진하게 식민지 조선을 그리워하며, 식민지 조선에 대한 향수를 강하게 가지고, 조선을 그리운 '고향'으로 기억하였다. 일본으로 귀환해서도 조선을 연고로 한 동향회, 동창회를 조직하고 1965년 이후 구 식민지를 탐방한 유형이다. 제1, 2유형에서는 한일 간의 과거 역사에 대한 이해와 인식이 결여되었다. 제3유형은 자기비판을 하며, '조선을 그리워해서는 안된다'라는 의지를 보여 준 인물들이었다.[2]

3. 대구에서 태어난 모리사키 가즈에

모리사키 가즈에는 1927년 대구에서 나고 자란 식민 2세이다. 교원인 부친 모리사키 구라지[森崎庫次, 1897-1952]의 근무지를 따라 대구, 경주, 김천에서 17년간 성장했으며, 1944년 상급학교 진학을 위해 후쿠오카로 돌아갔다. 조선에서 보낸 생활을 회상한 『경주는 어머니가 부르는 소리』에 상세하게 드러나는데, 식민지의 일본인으로서 비교적 유복하고 안정된 평온한 생활이 지속되었음을 알 수 있다. 특히 1938년 경주로 이주해서 5년간은 어머니의 품처럼 그리운 고향으로 기억되는 시기이다. 실제 경주에서 모친의 죽음을 경험한 모리사키에게 경주는 특별한 곳이었다. 조선인이 재단을 설립한 학교이지만, 일본인 학생을 받아들이기 위해 총독부에 의해 조선인과 일본인의 공립 공학이 된 경주중학교에 그녀의 부친이 초대 교장으로 부임했다. 부친은 교육에 열정적인, 조선인 학생들에게 존경받는 교육자였다고 한다. 그녀와 부친의 식민지 시대에 대한 한국인들의 회고가 경주중·고등학교 50년사인 『수봉학원오십년사』(1988)

---

2 다카사키 소지(2006), 『식민지 조선의 일본인들』, 이규수 옮김, 역사비평사, 190쪽.

에 남아 있다. 졸업생들은 모리사키 구라지를 훌륭한 교육자로 기억했다. 모리사키는 훌륭한 교육자이자 식민정책의 충실한 수행자인 부친의 영향 아래 식민지 조선에서 자유롭게 성장했다.

패전이 되자, 1943년부터 김천중학교에서 근무한 모리사키의 부친은 가족을 데리고 1945년 9월 초순, 어선을 타고 부랴부랴 조선을 빠져나와 일본 하카다로 귀환했다. 공식 귀환선이 아니라 어선을 타고 돌아간 급박한 사정이었다. 모리사키는 1944년부터 후쿠오카에서 학교를 다니고 있어, 일본으로의 험난한 귀환 체험은 하지 않았지만, 모리사키의 부친과 형제들은 정착의 꿈을 세운 식민지 조선을 떠나, 기반이 없는 '이방인'으로서 규슈에서 정신적으로도 경제적으로도 어려운 패전 후를 보내게 된다.

패전 후 모리사키는 17년간 식민지 조선에서 성장하여 일본을 모르는, 일본이 낯선 '일본인'으로서 조선과 일본 사이에서 자신의 정체성에 대해 고민했다. 구 만주에서 귀환한 아베 고보와 마찬가지로 일본을 관념으로 알고 식민지를 고향으로 생각한 귀환자로서 공통된 전후 일본의 변경에 위치한 이질적인 이방인으로서의 감수성을 보여 준다.

나는 내지(=일본)를 모르는 내지인이다. 내지인이 식민지에서 낳은 여자애다. 그런 내가 무엇으로 자랐는가? 내가 무엇이었는가? 나는 식민지에서 무엇이었는가? 또한 패전 후 모국이라는 곳에서 나는 어떤 존재였는가?[3]

물론 이러한 모리사키의 자기 인식을 전부 수긍하기는 어렵다. 모리 사키가 일본 본토의 일본인과는 다른 감수성을 가지고 있다고 해도, 식 민지 조선의 지배자인 '일본인'으로 성장하였기 때문이다. 총독부 관료 젠쇼 에이스케가 조사한 자료에 따르면, 1931년 경주군 경주읍의 일본인 은 253호로 979명, 조선인 4,154호로 17,432명이었다. 인구비율로 보면 절대 소수의 일본인이 절대 다수인 조선인을 지배하고 있었던 것이다.[4] 식민지조선에서 일본인들은 조선인들과 항상 긴장 관계에 있었다. 이처 럼 모리사키 가즈에 또한 조선인과 교류가 거의 없는 상태로 좁은 일본 인 커뮤니티 안에서 생활하고 일본식 교육과 풍습을 배우며 자랐다. 그 점이 『경주는 어머니가 부르는 소리』에 잘 나타나 있다. 가정에서는 조 선인 보모와 도우미를 고용하고, 일본 절기에 맞추어 3월 3일에 치르는 일본의 전통축제인 히나마쓰리를 하고, 황기 2600년을 기념하여, 애국적 글짓기를 하는 등 일상생활에서 일본 본토와 비교해도 불편함 없는 생활 을 하였다.

그럼에도 패전 후 식민지에서 자란 식민지 침략자에서 전쟁에 패배한 일본인으로 돌아온 모리사키는 '마음속으로 깊이 상처를 입고', '식민지 에서 보낸 자신들의 생활이 어떠했는지 치열하게 자문'하는 전후를 보내 게 된다.[5] 자신의 식민지 경험을 분석적으로 이해하고자 함에도 전후의 모리사키에게 식민지 조선은 그리운 고향이었고, 노스탤지어는 억제해

---

3 모리사키 가즈에(2020), 『경주는 어머니가 부르는 소리』, 글항아리, 20쪽.
4 善生永介(1934), 『調査資料 第四〇輯 生活實態調査(其七) 慶州郡』, 朝鮮總督府, 40쪽.
5 모리사키 가즈에(2020), 앞의 책, 274쪽.

야 하는 감정이었다. 그 심정이 다음 시에 잘 드러난다.

조선해협(1966)

가시나무에 쌓인 눈 너머 그 살을 펴고

바다! 해신의 울림이여…

그 혀 부드러운 목을 돌려

모국으로의 애착과 같은 절망을 빨아 들인다

[…]

알려주고 싶어요 수남

일본에서 태어난 수남

신라의 나무 그늘에서 왜놈 2세에게

먹어대던 저 원령의 흔적

[…][6]

이 시에서 식민지 조선에서 '식민 2세=왜놈 2세'로 태어나 조선의 자양

---

6   森崎和江(2015), 『森崎和江詩集』, 思潮社, 62쪽.

분을 잔뜩 먹고 성장한 화자의 '조선'에 대한 애착이 드러난다. 반대로 일본에서 태어난 재일조선인 수남은 '조선'의 자양분을 받지 못하고 '조선'을 모른다. 그럼에도 시적 화자와 수남에게 '모국=고향'에 대한 노스탤지어가 일치한다. 화자는 조선을 모르는 수남에게 조선을 알려 주고 싶다. 그 역전된 입장을 현해탄(玄海灘) 앞에서 읊은 시이다. 수남도 화자도 현해탄에 가로막혀 '모국'에 가지 못하는 처지로 관념으로만 조선을 상상하는 재일조선인 수남과 식민 2세로 태어나 실체로서 조선을 경험했던 화자, 전후 일본에서의 재일조선인과 재조일본인의 이 닮음꼴이야말로 전후 일본에서의 식민주의의 상흔을 잘 보여 주는 예이다.

모리사키는 1952년 결혼하였으나, 1958년 집을 나와 시인 다니가와 간과[谷川雁] 지쿠호 탄광촌에서 노동운동과 문학운동을 하며, 『서클촌』이라는 잡지를 발행하고, 1959년에는 여성교류지 『무명통신』을 발행하였다. 1964년 탄광지역 여성 살인 문제에 대한 의견대립으로 사상적 동지였던 다니가와 간과 결별하였다. 실생활에서도 문학에서도 곤란에 직면해 있던 모리사키는 한일국교정상화가 되고 나서, 23년 만인 1968년 '경주중·고등학교 30주년 기념행사'에 작고한 부친을 대신하여 한국을 방문하였다. 41세였다. 방한 경험을 『어머니 나라와 환상혼[ははのくにとの幻想婚]』(1970), 『이족의 원기[異族の原基]』(1971)에서 표현하였고, 『경주는 어머니가 부르는 소리』로 17년간의 조선 경험을 정리했다. 이후에도 모리사키는 두 차례 더 한국을 방문하고 방문기를 발표하였다.

1968년 한국 방문으로, 비로소 모리사키는 17년간의 자신의 식민지 경험과 기억을 재구성하여, 언어로 온전하게 표현할 수 있게 되었다. 모리사키는 1950년대 후반부터 작가로서 활동했지만, 식민 2세로서 자신의 식민지 경험을 본격적으로 서술하지는 않았다. 일본으로 돌아온 후에 새로이 조선어, 조선과 일본의 근대 역사를 학습하고, '귀환자'로서 본인의 식민지 경험을 계속해서 성찰하였음에도 말이다. 그녀와 사상적 동지였던 다니가와 간에게조차 식민지에 대한 원죄의식을 이야기했지만, 전혀 이해받지 못했다고 토로한 것처럼, 본토의 일본인들에게 자신의 경험은 누구에게도 이해받지 못하는 감정이었기 때문이다. 이후 이 문제에 대해서는 타인과 대화를 하지 않았다고 한다.[7]

모리사키는 1968년 노스탤지어에 찬 풍경이 아니라, 식민지적 질서가 무너진 후에도 여전히 탈식민의 곤란함에 놓여 있는 전후 한국의 현재를 목격한다. 성장기에 일본어로 일본 전통시를 지으며 문학의 뜻을 세웠던 부친의 제자가 중년이 된 현재, 한국어로 자신을 완전하게 표현하지 못하는 고통을 겪고 있고, 여전히 일본어와 한국어 어느 쪽도 불편하다고 토로하는 모습에서 전후 한국에 남은 식민주의의 상흔을 접하고, '속죄'조차 말하기 어려운 감정에 휩싸인다.

> 식민지의 동화정책 아래에서 동화정책을 구사하는 것으로 비동화의 자신을 지켜 내려 한 것을 아파하고 있다. 그 개개인의 투쟁하는 모습에 마음이 아팠다. 그것은 속죄하기 어려운 상처로 여전히 입을 벌리고 있었다.[8]

7　森崎和江(2009), 「森崎和江自撰年譜」, 『森崎和江コレクション 精神史の旅 5』, 藤原書店, 351쪽.

모리사키는 자신 또한 패전 일본에서 식민지 조선에서 교과서로 배운 표준 일본어가 아닌 전혀 다른 규슈 방언을 처음 접하고 이방인으로서 느꼈던 그 감각과의 동질성을 상기하며, 전후 동아시아의 냉전과 반공주의를 넘어서는 연대를 모색하고자 했다. 이것이 모리사키의 1968년 전후 첫 한국 방문의 의미이다.

4. 식민 2세가 본 식민지 조선

패전 후 일본 사회의 모순과 직면하면서 모리사키는 식민지 경험의 실체를 분명히 하고, 언어화할 수 있었다. 패전 후 일본에서 하나의 단일한 민족적 공동체의 감수성으로 동화되지 않는, 식민 2세의 속죄 의식에 기반한 '이질성의 발견과 승인'[9]을 문학적 과제로 지향했다. 모리사키는 노동, 여성 문제에 이어 자신의 조선에서의 체험에 기반한 민족의 문제를 앞서 언급한 1968년 한국 방문 이후 제기한다. 식민지의 경험이 그녀에게 배양한 감수성은 어떠한 것이었을까?

식민지 2세에게 내지(=일본)는 이야기 세계이고, 조선은 나의 혈육을 키워 준 현실이었다. 나는 나를 둘러싼 현실에 최대한 친밀한 애정

---

8   森崎和江(2009), 앞의 책, 18쪽.
9   森崎和江(1984), 『慶州は母の呼び声-わが原郷』, 新潮社, 226쪽.

을 가지고 살았다. 그처럼 자신이 다른 민족의 풍습이나 역사적 전통을 아전인수격으로 끌어와 살아온 무분별함이 패전 이후 나를 괴롭혔다.[10]

모리사키는 패전 후 일본에서 식민 2세로서 '내지=일본'이 허구였고, 식민지가 자신이 뿌리내렸던 '현실=향토'였음을 부정하지 않는다. 또한 그 식민 2세의 '이식된 풀'과 같은 감각은 일본인만의 것이 아닌 식민지 조선이라는 대지의 풍토가 만들어 낸 혼종적인 것이었음을 고백한다. 이러한 감수성은 식민지 조선에 존재했던 일본인으로서의 자기비판 없이 조선에 대한 노스탤지어를 안이하게 표현하는 것과는 다르다. 일본인인 자신에게 조선의 풍토와 문화가 자양분이 되어 새로운 감수성이 태어난 것으로 본 것이다. 조선과 일본이라는 이질적 존재가 만나 충돌하고 길항하는 것으로 보고 있다.

나 자신의 감각 기반이 된 것이 그들 일본인 마을의, 일본인 특유의 생활 속에 한정된 것이었다고 할 자신은 없다고 하기보다, 이식된 풀처럼, 나는 기운차게 한눈도 안 팔고 그 대지를 흡수하고, 나 자신의 감정이나 감각을 키웠다.[11]

10 森崎和江(2009), 앞의 책, 12쪽.
11 森崎和江(2009), 앞의 책, 11-12쪽.

이러한 혼종적 감수성을 키운 모리사키는 재조일본인의 식민지 경험과 조선 표상을 비판하며, 식민 2세의 원죄 의식에 기반한 '식민지 경험'의 표상 가능성을 추구한다. 동화가 아닌 차별의 식민지 현실을 객관적으로 묘사하고 그 과정에서 과거 식민자로서 자기비판이 드러나게 하는 것이 자신의 원죄를 속죄하는 방법이라고 인식했기 때문이다. 식민 2세로서 식민지에서 '무분별'하게 생활한 시정의 일반인으로서, 죄의식은 패전 후 모리사키에게 떼어 낼 수 없는 상흔이었다.

> 그것은 패전과 함께 죄의식으로, 부친을, 그리고 나를 밀어 넣었던 것이다. 최후의 보루처럼 우리들이 조선인 젊은이들이나 소녀들과 남몰래 지키려 했던 것, 개개인의 인간성에 대한 신뢰나 그 고유한 문화에 대한 개인적인 애정은 정치적인 침략보다도 더 깊고, 나는 그것을 동생한테도 말할 수 없었다. 암흑이었다.[12]

정치적 구조를 넘어, 조선에 대한 개인으로서의 신뢰와 애정이라는 것은 해결 곤란한 구조적 문제에 대한 가능한 최선의 방법일 수도 있지만, 재조일본인으로서 모리사키의 식민지 경험의 한계를 보여 주기도 한다. 모리사키가 빈번하게 언급하는 '원향으로서 경주'가 그러하다. 재조일본인들은 식민지 조선의 역사와 문화를 체계화하여 일본인들의 '고향'으로 창조하였다. '신라의 고도' 경주는 고대 일본의 '나라[奈良]'를 상기시켜, 고

---

12 모리사키 가즈에(2020), 앞의 책, 278쪽.

대 신라와 일본의 교류와 친연성을 강조한다. 모리사키가 신뢰하고 닮고 싶은 모델이었던 식민 1세 오사카 긴타로[大坂金太朗, 1877-1974]는 경주공립보통학교의 교장이자 경주박물관장을 역임했다. 그는 조선인에 대한 신뢰와 경주의 신라 문화에 대한 깊은 애정을 보여 주었으나, 그 자체가 일선동조(日鮮同祖)의 모범을 보여 주는 아이러니이기도 했다. 식민 2세였던 모리사키가 자기 정체성을 발견하는 장소로서 의미가 있었던 경주는 '야마토의 나라에 흡사하다는 우리의 경주'[13]로 시작되는 구 경주중학교 교가처럼 내선일체의 좋은 사례가 되어 버리는 것이다.

선량한 차별주의자인 부친 모리사키 구라지에 대한 평가도 마찬가지이다. 1968년 한국 방문에서 모리사키가 만난 부친의 제자들은 모리사키의 부친이 "자신의 영혼 가장 깊은 곳에서 정신의 형성에 관련된 인물이었다"고 한다.[14] 졸업생들은 모리사키 구라지를 훌륭한 교육자로 기억했다. 그러나 1968년의 재회에서 직접 표출되지 않은 다른 측면이 졸업생들의 문집에 남아 있다. 부친의 한국인 제자들이 모리사키에게 말하지 않은 다른 모습은 식민정책의 충실한 수행자 모리사키 구라지이다.

신설 경주중학교를 단 일 년 만에 총독의 마음에 들도록 만들었으니,

---

13 모리사키 구라지가 초대 교장으로서, 작사는 이가라시 쓰토무[五十嵐力, 1874-1947, 와세다대학 문학부 교수로 국문학자], 작곡은 고타니 하루토[合谷春人, 대구사범학교 교사]에게 부탁하여 만든 4절로 된 교가이다. 원문은 '大和の奈良に似たりてふ/我が慶州は半島の/早く開けしうましくに[…]'이다. 1952년 조지훈 작사, 윤이상 작곡의 교가로 바뀌었다[수봉학원오십년사편찬위원회 편 (1988), 『秀峯學園五十年史』, 경주중고등학교 발행, 430-434쪽].

14 森崎和江(1971), 『異族の原基』, 大和書房, 13쪽.

모리사끼(필자주-표기는 원문대로) 교장의 능력은 대단하다고 생각되며 아울러 그가 침략자들의 첨병 노릇을 얼마나 충실하게 했는가 하는 것도 짐작하게 한다. 그러나 회고해 보건대 비록 일인이라 하여도 순수 교육자적인 차원에서 그를 평가한다면 대수봉학원의 초대 교장으로 손색이 없는 분이었다고 말하고 싶다.[15]

개인 차원의 '좋은 일본인'의 기억과 별개로, 공적 혹은 민족적 차원에서 '나쁜 일본인'의 기억이 중층되어 있는 것이다. 모리사키가 '개인에 대한 신뢰와 고유한 문화에 대한 개인적 애정이 정치적 침략보다 깊다'고 정리할 때, 오히려 그들이 좋은 일본인이었기에, 식민주의의 구조가 보이지 않게 되는 것은 아니었을까?

5. 상호 교차하는 계급, 젠더, 민족 – 전후 일본의 상대화

그럼에도 자신의 식민지 경험을 노스탤지어나 차별 의식으로 연결시키지 않고, 전후 일본을 상대화하는 시선으로 연결시키는 점이 다른 재조일본인과 구별되는 모리사키 가즈에의 특별한 점이다. 과거 조선과 일본의 주변부에 존재하는 재조일본인으로서 모리사키는 민족의 문제, 탄

---

15 수봉학원오십년사편찬위원회(1988), 앞의 책, 164-165쪽.

광에서 일하는 노동계급의 문제, 여성으로서의 젠더적 문제가 상호 교차하는 지점에서 자신의 문학을 시작했다. 노동자들의 생활기록운동의 결과물인 『암흑[まっくら 女坑夫からの聞き書き]』(1961)은 규슈 탄광지대 여성 광부의 이야기이다. 『제3의 성-머나 먼 에로스[第三の性 はるかなるエロジ]』(1965)는 시몬 드 보부아르(Simone de Beauvoir)의 『제2의 성(Le Deuxième Sexe)』을 의식하여 집필한 저서이다. '여성은 태어나는 것이 아니라 만들어지는 것'이라 한 보부아르에 대해, 모리사키는 여성이 경험하는 '출산'을 사상화하려고 했다. 전후 일본 여성의 성에 천착하여, 여성에게 부여된 지정석(딸, 아내, 어머니로서의 역할)을 거부하며 한편으로는 그 경험을 공유하고 전달하는 데 성공한 최초의 일본 여성운동가로 평가된다.[16]

모리사키는 1960년대의 여성의 신체, 성, 출산에 대한 천착과 더불어 1968년 한국 방문 이후 자신의 식민지 경험을 깊이 고찰하는 과정에서 자연스럽게 계급, 여성의 모순이 식민주의와 중첩되어 탄생한 '가라유키상'이라는 존재에 착목하게 된다. 식민지 조선에서 나고 자란 일본 여성으로서의 경험이 자연스럽게 메이지유신 이후 아시아의 여러 지역으로 팔려간 일본 하층 여성의 월경(越境)과 이민족과의 접촉과 대립, 패전과 귀환 후의 일본 내 차별, 일본과 다른 감수성의 배양이라는 측면에 주목하여 논픽션 『가라유키상[からゆきさん]』(1976)이 탄생하였다.

19세기 말부터 20세기 초까지 공창제에 편입되어 동남아시아 등지로

---

16 우에노 지즈코(2015), 『여자들의 사상』, 조승미·최은영 옮김, 현실문화, 24쪽.

이주한 일본 여성을 '가라유키상'이라고 일반적으로 불렀다. '가라[唐]'로 가는[行き] 사람인데, 이때의 '가라'는 바다 건너 해외를 가리킨다. 일본이 식민지로 팽창하면서, 군대, 교역을 위해 해외로 가는 일본 남성들에게 성적 서비스를 제공하기 위해 출현한 존재인데, 이 존재가 아시아태평양 전쟁에서는 일본군 종군위안부 제도 형성의 배경이 되었다고 모리사키 는 이야기한다. 체험자의 이야기로 구성된 이 논픽션에서, 모리사키는 가라유키들을 가난으로 고향을 떠나 해외로 나가 원천적으로 에로스와 출산에서 배제된 여성으로 본다. 나아가 가라유키를 만들어 낸 매춘업자 나 국가뿐 아니라, 여성에 대한 편견, 즉 가부장적 도덕과 정조 관념으로 그들을 바라보는 일본 민중의 문제를 지적한다.

그리고는 20년이 채 지나지 않아 또다시 제2차 세계대전을 일으켜 남 방으로 일본군이 공격해 오게 되어 동남아시아 각지에 공창제가 다시 열리게 되었다. 이번에는 일본이 관리하였으며, 현지의 처녀들도 공창 에 합류되었다. 또 군 관계의 위안 부대가 보내졌다. 쇼와 초기에 중국 상해에 건너간 가라유키상 중에는 당시 일본군 위안부의 감독이 된 사 람도 있었다.

가라유키가 메이지유신과 함께 바다를 건넌 후 약 반세기, 이미 국가 로부터 벗어날 수도 없는 국가의 보호도 없는 공창제라는 이름하에 여 자들은, 아시아 전면 전쟁에 가차없이 참가하게 된 것이다. 어느 곳에 서나 생계가 가능하기를 비는 가라유키의 바람은 "황도적 세계통일주 의"를 부르짖던 우치다 료헤이의 이념과 마침 딱 일치하기라도 하듯

대동아공영권의 이미지에 흡수되었다.[17]

결국 생계형 가라유키가 제국주의 전쟁 과정에서 국가주의에 포섭되고, 가라유키가 해외에서 아시아 여러 민족들과 부대끼면서 길러낸 특유의 인터내셔널한 심상 세계도 대동아공영권으로 흡수되어 '환상'이 되어 버리는 것을 예리하게 지적한다. 가라유키들의 강한 생명력, 일본이라는 국가로부터 버려진 존재이면서, 매매춘을 '애국'으로 도치시키는 허구적 환상, 아시아와 일본의 월경에서 생겨난 혼종적 감성을 가진 가라유키들의 경험에 식민지에서 성장한 일본인 여성으로서 일본으로의 동화를 거부하는 모리사키 자신의 모습이 투영되고 있다.

가라유키에서 나아가 오키나와의 전 조선인 위안부 배봉기에 대한 르포르타주인 가와다 후미코의 『빨간 기와집[赤瓦の家—朝鮮から来た従軍慰安婦]』(1987)의 「해설」에서 모리사키는 이렇게 썼다.

봉기씨에게 근대화 과정에서 드러난 일본인의 성 의식은 그녀를 군 위안부로 몰아간 사회적인 원인이었다. 당시 일본이라는 나라는 사회제도로서 조직화한 매춘 제도를 펼치고 있었고, 사적 매춘은 죄로 여겼다. 군 위안부를 감언이설로 끌어모은 '업자'들도 사적 행위를 저지른 것은 아니라는 의미다. 개인 생활 속으로 침투해 온 공적인 제도가 피지배 민족의 처지에서는 특히 꼼짝도 못하게 하는 요건이 되어 버린

---

17 모리사키 카즈에(2002), 『쇠사슬의 바다』, 채경희 옮김, 박이정, 207-208쪽.

다. 일본에서 태어난 여자로서 저자는 군 위안부라는 존재를 만들어
낸 우리 근대 정신의 미로를 끝까지 보겠다는 듯 봉기 씨의 깊은 고뇌
를 응시한다.[18]

모리사키는 조선인 위안부의 존재가 '근대 일본인의 성 의식'에서 유
래하고, 그것이 사적 행위가 아닌 공적 제도가 야기한 것이며, 이 제도
화가 특히 피지배민족을 억압한 '일본 근대 정신의 미로'라고 한다. 가라
유키와 조선인 위안부라는 존재가 젠더, 계급, 국가, 민족 모순이 중첩되
어, 여성들을 옭아매는 제도였다는 것이다. 이렇게 차별과 폭력에 노출
된 여성들이 자신의 목소리를 발화하지 못하고, 자신의 성을 받아들이지
못한 채, 광기에 사로잡혀 자기분열하는 존재가 『가라유키상』에서는 나
타난다.

모리사키는 1960년대 계급과 성의 문제를 주로 이야기하다가 1968년
한국 방문을 하고 나서 1970년대에는 식민지 경험과 관련하여 민족에 대
해 언급하기 시작한다. 모리사키 자신의 월경과 이산의 식민지 경험에
기반하여, 가라유키 문제에 천착한 것이다. 개인에게 가해지는 억압, 지
배구조, 차별은 계급, 젠더, 국가, 민족의 다양한 측면들 사이에서 일어
나는 상호작용 속에서 나타난다고 본 것이다. 여기에 모리사키의 '성(性)'
을 바라보는 독자성이 있다고 할 수 있다.

---

18 가와다 후미코(2014), 『빨간 기와집』, 오근영 옮김, 꿈교출판사, 309쪽.

6. 맺음말

본고에서는 식민지 조선에서 나고 자란 귀환자들이 전후 일본 문학에 어떤 문제를 제기하였는지를 고찰하였다. 패전 후 식민지 조선에서 돌아온 일본인들은 식민지 경험에 대해서 발언하였는데, 대부분은 그들이 내면화하고 있던 식민자적 무의식은 한일 간의 '우호친선'이나 조선을 '그리운 고향'으로 그리며, 식민주의가 드러낸 폭력과 차별을 망각시켰다.

모리사키 가즈에는 식민지배의 수혜자이자 증인이었던 식민 2세로서 전후 일본에서 식민지에 대한 원죄 의식을 기반으로, 자신의 식민지 경험을 성찰하였다. 그것은 노스탤지어와 폭력과 차별이 중층화된 식민지 기억을 드러내는 것임과 동시에, 식민주의가 초래한 월경과 이산이 아이러니하게도 이질적 존재 간의 접촉과 혼종성을 낳았다는 것을 발견하는 장이기도 했다. 식민지 조선에서 돌아온 여성이라는 전후 일본의 경계적 존재로서 식민지 경험을 사유하는 것에서 출발하여 민족, 국가, 계급, 젠더적 차별과 모순을 상호 교차적으로 인식하는 것으로 나아가려 한 것이 '가라유키'라는 해외로 팔려 나간 여성에 주목한 이유이다. 일본 전후문학에 모리사키는 "어떻게 이질적인 타자가 서로 만나고 어떻게 그 타자를 받아들일 것인가"라는 과제를 던졌다.

오사카에 뿌리내린
한국인의 삶

김계자
한신대학교 평화교양대학 교수

오사카[大阪]는 일본 제2의 도시로 경제적으로 활기가 있고 '천하의 부엌'이라고 불릴 정도로 먹거리가 유명하다. 오사카 최대의 유흥가 도톤보리[道頓堀] 거리에는 음식점들이 늘어서 있고, 근세시대부터 성행한 가부키[歌舞伎] 극장이나 전통적인 이야기 예능을 위한 연예장이 지금도 인기를 모으고 있다. 특히 오사카 방언은 지방색(local color)이 강해 마치 한국의 부산 사투리처럼 정겨운 느낌을 준다. 그리고 일본의 3대 축제 중의 하나인 덴진마쓰리[天神祭]가 7월 말에 열리기 때문에 여름방학을 이용하여 오사카를 찾는 한국의 대학생이 많다. 그런데 오사카의 관광지를 둘러보면서도 이곳이 오래 전부터 우리 한국인과 깊은 인연이 있고 지금도 재일코리안이 많이 살고 있다는 사실을 아는 사람은 많지 않다. 우리 민족이 어떻게 오사카에 살게 되었는지 살펴보자.

1. 우리 민족의 피와 땀이 서린 '이카이노'

오사카는 일본에서 한국인이 뿌리를 내리고 살고 있는 대표적인 지역이다. 재일 역사학자인 강재언(姜在彦)에 의하면, 일제강점기 전반인 1910-1920년대에는 일제의 식량수탈 등의 식민정책으로 조선의 농촌경제가 파탄됨에 따라 조선인들이 일본 노동시장의 저임금 식민지 노동력으로 유입되었고, 1930년대의 본격적인 전시체제로 접어들면서는 징병이나 징용으로 강제 연행되어, 일제가 패망한 1945년 당시 일본에 거주한 조선인은 약 210만 명으로 추정된다. 해방 이후 연합국군총사령부(이하 'GHQ')의 송환조치가 있었을 때 이들 중 약 130만 명이 귀국했는데, 한반도 해방공간의 불안한 정치상황과 GHQ의 재산 반출 제한 등으로 인하여 귀국이 어려운 사람들이 이후 일본 정주의 삶을 살아오고 있다.[1]

오사카가 한국인의 대표적인 정착의 장소가 된 것은 1923년부터 제주와 오사카를 정기적으로 운항했던 기미가요호[君ヶ代丸]의 영향이 크다. 일본과 한반도를 연결하는 교통편은 1905년부터 부산과 시모노세키[下關] 사이를 운항한 관부연락선(關釜連絡船)이 담당했는데, 1923년에 제주-오사카 간 직항선이 운항하면서 1930년대 중반에는 제주도 인구의 4분의 1에 해당하는 5만여 명이 일본으로 건너갔다. 이들 중 일부가 해방 후에 고향으로 돌아왔지만, 제주 4·3사건으로 인하여 한국 정부의 단속을 피해서 일본으로 다시 되돌아간 사람들도 있고 새롭게 일본 땅을 밟는 사람들도 생겼다. 그런데 GHQ는 해방 후 일단 한반도로 귀환한 사람들이 일본으로 다시 들어오는 것을 엄격히 금했기 때문에 밀항이라는 수단을 취할 수밖에 없었다. 더욱이 4·3사건의 혼란 속에서 당국의 단속을

---

1 강재언(1976, 秋), 「재일조선인의 65년」, 『季刊 三千里』.

피해 밀항해야 하는 상황이었기 때문에 어려움이 컸다. 만약 밀항한 사실이 밝혀지면 당시 인권탄압으로 악명 높았던 오무라[大村] 수용소로 보내진 후에 본국으로 송환되어 처형될지도 모른다는 불안한 처지에서 자신의 이름마저 숨기고 산 사람이 많았다. 지금도 오사카에서는 제주도 출신 유족을 중심으로 4·3 추도회와 위령제가 매년 열리고 있다.

오사카에서도 재일코리안 집단 거주지로 잘 알려진 곳이 이카이노[猪飼野]이다. 이카이노는 오사카시 이쿠노구[生野區]의 쓰루하시[鶴橋]와 모모타니[桃谷]에 걸쳐 코리아타운을 형성하고 있는 일대로, 1920년대 초반에 히라노[平野]강 치수사업을 위해 식민지 조선인이 강제로 동원되면서 형성된 부락이다. 이 지역은 습지대로 배수가 잘 되지 않아, 이를 개선하여 주택지와 공장용지를 확보하기 위한 확장공사가 1921년부터 1923년

_____ 오사카 이쿠노구 히라노강 주변(© Kansai explorer)

까지 실시되었다. 여기에 조선인 노동자가 일본인의 절반에도 못 미치는 싼 임금으로 동원되어 치수공사가 이루어진 것이다. 그래서 이곳은 조선인의 피와 땀이 서린 곳이라고 할 수 있다.

1973년 2월에 행정구역상에서 '이카이노'라는 지명이 말소되어 지도상에서 자취를 감추게 되었으나, 이카이노는 현재까지 여전히 재일코리안 거주지의 상징으로 남아 있는 원향(源郷)과도 같은 공간이다. 이카이노의 원향으로서의 이미지는 역사를 거슬러 올라가 5세기에 백제에서 도래한 사람들이 이곳을 개척했다는 사실에서 비롯되었다. 동네 어귀에 그 흔적을 찾아볼 수 있는 미유키모리[御幸森] 신사가 남아 있다. 신사의 경내에 백제의 왕인(王仁) 박사가 읊었다고 전해지는 '나니와즈의 노래[難波津の歌]' 비(碑)가 세워져 있는데, 한국과 일본의 오랜 문화교류를 보여주고 있다.

'이카이노'라는 지명은 사라졌지만 이곳이 일본에 뿌리내린 한국인의 삶의 터전으로서 갖는 의미는 현재까지도 상징적으로 남아 있다. 4·3사건 이후에 오사카로 밀항하여 지금까지 재일의 삶을 살고 있는 김시종(金時鐘) 시인은 재일의 삶에 이카이노가 갖는 의미를 다음과 같이 노래하고 있다.

없어도 있는 동네. / 그대로 고스란히 / 사라져 버린 동네. / 전차는 애써 먼발치서 달리고 / 화장터만은 잽싸게 / 눌러앉은 동네. / 누구나 다 알지만 / 지도엔 없고 / 지도에 없으니까 / 일본이 아니고 / 일본이 아니니까 / 사라져도 상관없고 / 아무래도 좋으니 / 마음 편하다네. //

[…] // 어때, 와 보지 않을 텐가? / 물론 표지판 같은 건 있을 리 없고 / 더듬어 찾아오는 게 조건. / 이름 따위 / 언제였던가. / 와르르 달려들 어 지워 버렸지. / 그래서 '이카이노'는 마음속. / 쫓겨나 자리 잡은 원 망도 아니고 / 지워져 고집하는 호칭도 아니라네. / 바꿔 부르건 덧칠 하건 / 猪飼野는 / 이카이노 // […] // 한번 시작했다 하면 / 사흘 낮밤 / 징소리 북소리 요란한 동네. / 지금도 무당이 날뛰는 / 원색의 동네. / 활짝 열려 있고 / 대범한 만큼 / 슬픔 따윈 언제나 날려 버리는 동네. / 밤눈에도 또렷이 드러나 / 만나지 못한 이에겐 보일 리 없는 / 머나먼 일본의 / 조선 동네[2]

시인은 지도상에서 사라져버린 공간을 흥겨운 리듬으로 재현해 보이 고 있다. 아픔의 역사를 축제의 한마당으로 전도시키는 리듬감이 경쾌 한 분위기를 만들어 내며, 징소리와 북소리 같은 청각적인 요소에 무당 이 굿을 하는 원색의 시각적인 요소가 어우러져 일본 땅에 토착화된 우 리 민족의 사라지지 않는 원초적 삶을 보여 주고 있다. 지도에서 삭제했 다고 해서 대를 이어 생활해 온 삶의 터전이 없어지는 것은 아니다. 명칭 의 소거는 오히려 공동체의 결속을 강화하는 측면이 있다. 우리의 민족 문화가 토착화된 이카이노의 공간성은 일본 사회 속에서 소수자의 로컬 리티를 형성하며 집단적인 유대와 공동체 계승으로 이어져, 재일의 삶이 지속되는 한 이어질 것이다. 위의 시에서 지도에 없는데 한 번 찾아올 테

---

2 김시종(1975, 春), 「보이지 않는 동네」, 『季刊 三千里』.

면 찾아와 보라는 식의 도발적인 어투가 재일코리안의 공동체성으로 우리의 발길을 이끄는 듯하다.

이카이노의 공간성은 김시종의 시뿐만 아니라, 여기에 거주했거나 이곳을 배경으로 창작활동을 한 종추월(宗秋月), 원수일(元秀一), 김창생(金蒼生)과 같은 재일 작가의 작품에도 잘 나타나 있다. 특히, 원수일의 소설 『이카이노 이야기[猪飼野物語]』(1987)에는 재일 1세 제주 어머니들의 억척스럽고 생명력 넘치는 삶의 모습이 젊은 세대들과 어우러져서 오사카 방언에 제주 방언이 섞여 유머러스하고 구성지게 표현되어 있다. 다음은『이카이노 이야기』의 시작 부분이다.

왼발을 일출봉에 오른발을 우도에 '으랏차' 하고 걸친 채 쭈그리고 앉은 설문대 할망(전설상의 거인)이 한껏 오줌을 내갈긴 탓인지 지금도 바닷물이 급류한다고 전해지는 제주도. 그곳에서 건너온 제주도 사람들은 이카이노에 조선시장을 열었다. 이 조선시장은 마치 지렁이의 소화기관과도 같다. 소카이(租界) 도로에 면한 미유키모리 신사를 입으로 본다면, 쭉 내리뻗어 항문에서 쏙 빠져 나온 곳이 운하이다.

이와 같이 이쿠노구(구, 이카이노)는 일제강점기 이래 해방을 전후하여 일본에 정착해 살고 있는 사람들과 그 후손들을 가리키는 이른바 '올드 커머(old comer)'가 중심에 있다. 그리고 최근에는 한국에서 이주한 '뉴커머(new comer)'가 코리아타운 주변으로 늘고 있어 재일 사회에 젊은 활기를 불어넣고 있다. 또, 베트남 이주민도 많이 늘어 이쿠노구에 살고 있는

베트남 사람들만 해도 6천여 명에 이른다. 이제 이쿠노구는 세대와 국경을 넘어, 민간 교류의 공간으로 변모해 가고 있다.

2. 오사카와 제주를 가로지르는 재일의 존재 규명

한반도의 해방과 일본의 패전을 가로지르며 일본 정주의 삶을 살아온 재일코리안은 한반도와 일본의 어느 한쪽에 수렴되기보다 차이를 만들어 가며 공존의 방식을 찾아왔다. 그렇기 때문에 이들 재일코리안은 분단된 조국의 남·북한 어느 한쪽에 가담하기보다 조국으로부터 상대적 거리두기가 가능했는지도 모른다. 바로 이러한 위치가 재일의 존재 규명이 이루어지는 지점이다.

일본에 정주하며 분단된 조국의 어느 한쪽에 포섭되는 것을 거부하고, 남과 북을 포괄하여 바라보려고 하는 관점이 재일문학에 많이 들어 있다. '재일(在日)'은 한국과 북한의 어느 한쪽에서 할 수 없는 일을 양자와 다른 층위에서 포괄하며, 긍정적인 힘으로 전환시켜 낼 수 있는 위치에 있는 것이다. 이것이 바로 '재일'하는 근거이고, 재일의 삶을 사는 의미라고 작가 김석범(金石範)은 말한다.

오사카에서 태어난 김석범은 조국과 민족에 대한 문제의식을 가지고 고향 제주도의 4·3사건을 창작의 원형으로 견지해 온 작가이다. 1983년부터 1997년까지 15년에 걸쳐 쓴 대작 『화산도(火山島)』(전 7권)가 해방 70년의 시점인 2015년에 한국에서 완역된(전 12권) 것에 이어, 일본에서도 주문제작 형태로 재출간되었다(전 3권). 4·3사건이 발발하기 직전인 1948년 2월 말부터 이야기가 시작되어, 무장대가 궤멸된 1949년 6월까지를 그렸다. 작중인물의 이동이 많이 그려지는데, 제주도를 중심으로 서울, 목포, 일본의 오사카, 교토, 도쿄를 오가며 식민과 해방, 그리고 이후에 여전히 남은 한일 간의 문제를 그리고 있다.

『화산도』의 작중인물 이방근이 누이동생 유원을 일본에 밀항시킬 준비를 하면서 "일제의 지배, 그리고 계속되는 미국의 지배. 병든 조국을 버리고 패전한 과거의 종주국 일본으로" 떠나는 사람들을 언급하며 "폐허의 땅"에서 "신생의 숨결, 창조에 대한 희망"을 이야기하는 부분은 해방기에 민족적 정체성으로 복귀하는 보통의 귀환 서사와는 다른 모습을 보여 준다. 이는 일본인이 패전 후에 일본으로 귀환한 것과도 다르다. 일국의 국민국가의 경계 안으로 포섭되어 단일한 내셔널리티로 회수되는 논리에서 생각하면 재일코리안의 시좌(視座)를 포착하기 어렵다.

이러한 의미에서 김석범의 자전적 장편소설 『1945년 여름[1945年夏]』(1974)은 생각해 볼 점이 많다. 일제로부터 해방된 지 25년이 지난 시점에서 일본어로 문학 활동을 재개해 '해방'과 '패전'이라는 관념과 현실의 교차를 넘어 역사적 기억을 어떻게 이야기해갈 것인지 일본과 한국 사회를 향해 묻고 있는 소설이다. 1945년 8월은 재일코리안 문학의 원점이라고 할 수 있다. 일제강점기의 기억은 이 시점에서 거슬러 오르고, 해방 후의 일은 이 시점에서 상기된다. 기억 환기의 기점(起點)인 것이다.

『1945년 여름』은 오사카의 조선인 부락에서 소설이 시작된다. 주인공 김태조는 미군의 공습이 본격화된 1945년 3월에 중국으로 탈출할 생각을 하며 징병검사를 구실로 식민지 조선으로 도항하면서 다시 일본으로 돌아오지 않을 결심을 한다. 김태조는 우선 경성으로 가서 잠깐 머물렀는데, 일본보다 오히려 조선이 더 일본 천황을 받들고 있는 모습을 경성 거리를 다니며 느낀다. 이러한 느낌을 남산뿐만 아니라 경성역이나 전차 안에서도 느낀다. 그리고 4월 초에 제주도에서 징병 검사를 받고 다시 경성으로 가는데, 5월에 발진열에 걸려 한 달 가량 입원한 후, 강원도의 산 속 절에서 요양하며 중국으로 탈출하려는 자신의 생각이 낭만적인 공상에 지나지 않았음을 깨닫는다. 다음은 김태조가 남산의 조선 신궁을 찾아갔을 때 생각한 내용이다.

조선 신궁 참배길로 만들어진 산꼭대기에 이르는 넓고 훌륭한 돌계단을 다 올라갔을 때는 화창한 날씨 때문인지 몸이 완전히 땀에 젖어 있었다. 신궁 경내에는 '필승 기원'을 비는 단체나 잡다한 사람들과 일장기가 무리지어 있었다. 그는 무엇보다도 무리를 지어 칼을 찬 군인들의 인솔을 받으면서 신사참배를 하고 있는 '학도 출진'의 조선인 학생 대열이 보이지 않아 안도했다.
'도대체 무엇 때문에 조선인이 경성을 한눈에 내려다볼 수 있는 남산 정상에 올라와 조국을 침략한 일본의 신들, 아마테라스 오미카미[天照 大神]나 메이지 천황에게 빌지 않으면 안 된단 말인가.'

일본의 패망이 몇 개월 후에 오리라고는 생각할 수 없었던 그는 6월 말경에 쇠약해진 몸으로 가족이 있는 오사카로 돌아온다. 그리고 김태조는 패전으로부터 한 달 지난 시점에서 변한 일본의 모습과 일본 내에서 사회주의를 표방하는 동포들을 보고, 새로운 조국 건설의 의미를 생각하며 해방된 조국의 서울로 다시 돌아와 새로운 출발을 다짐하는 장면에서 소설은 끝이 난다. 소설 속 내용대로 김석범은 1945년 11월에 일본에서 해방된 조국으로 일시적으로 돌아가지만, 1946년 여름에 한 달 예정으로 다시 일본으로 건너갔다가 그대로 재일의 삶을 살았다.

이 소설에서 매우 흥미로운 것은 1945년 8월 15일의 기록이 소설에 들어 있지 않다는 점이다. 그러면서도 굳이 제명을 '1945년 여름'이라고 붙인 이유는 무엇일까? 또한, 1945년 8월로부터 한 달여 시간이 흐른 뒤에 '그날'의 단상이 기억의 형태로 조금씩 이야기되는 형식으로 그려진 점도 주목할 필요가 있다. '8·15'의 내용을 내러티브의 시간 순서에 따라 이야기하는 대신, 과거 '기억'의 형태로 나중에 추인되는 서술 방식을 취하고 있는 것이다. 즉, 작품 속에서 조선의 독립과 일본의 패망을 전후한 4개월간을 블랙홀로 만들어 버린 것이다. 그런데 '8·15'에 대하여 구체적으로 언급을 하고 있지 않기 때문에 오히려 그 속으로 모든 것을 흡인해 버리는 이 시기의 무게가 김석범 문학에서 차지하는 의미는 클 수밖에 없다.

김석범은 해방은 되었지만 남과 북으로 나뉘어 분단된 조국은 자신의 조국이 아니라고 하면서 대한민국 국적 취득을 거부해 왔다. 북한은 일본에서 정식 국가로 인정하고 있지 않기 때문에 조선민주주의인민공화국 국적 자체가 일본에 존재하지 않는다. 그렇다고 일본 국적으로 귀화한 것도 아니다. 자신이 일본인으로 산다는 것은 천황의 신민(臣民)이 된다는 것을 의미하기 때문에, 김석범은 일본 귀화를 단호히 거부해 왔다. 그냥 민족명 '조선인'으로 남아 있는 무국적의 재일코리안이다. 해방과 패전을 가로지르며 재일하는 자신의 삶의 의미를 찾아간 소설 속 김태조처럼, 김석범은 재일의 위치에서 한반도의 남과 북 어느 한쪽에 있었으면 하지 못했을 길을 묵묵히 걸어온 것이다.

제국은 해체되었고, 냉전과 탈냉전의 시대를 지나왔다. 그러나 한반도에 여전히 남은 남북 분단과 한일 근대사에 해결해야 할 문제가 산적해 있는 현재, 김석범의 문학은 우리에게 식민 이후를 어떻게 사유할 것인지의 문제를 제기하고 있다.

3. 1950년대 재일 사회 문화운동의 발상지

일본에서 해방을 맞이한 우리 민족은 일본인 국적에서 벗어날 수 있었다. 그런데 본인의 선택에 의하여 국적을 바꾼 것이 아니라, 일본을 점령하고 있던 GHQ의 일방적인 결정으로 일본 국적을 강제로 박탈당한 것이 우선 문제였다. 그렇다면 조국 한반도로 귀국할 수 있으면 좋을 텐데, 당시의 귀국 여건도 녹록지 않은 상황이었다.

해방 직후의 한반도는 미국과 소련에 의해 남과 북으로 나뉘어 대치하고 있는 상황이었고, 아직 정부도 수립되지 않은 상태였다. 더욱이 해방 직후의 혼란으로 물가는 급등하고 경제가 매우 어려운 시기였기 때문에 귀국을 쉽게 결정할 수 없었다. 여기에 GHQ는 귀국할 때 소지하고 갈 수 있는 돈을 천 엔으로 한정했고, 갖고 갈 수 있는 수하물의 양도 제한을 두었다. 일본에서 생활 기반을 정리하고 귀국한 후에 새롭게 생활을 시작해야 하는 상황을 생각하면 귀국을 쉽게 결정하기 어려웠다.

그럼에도 불구하고 일본의 차별에서 벗어나 해방된 조국으로 하루빨리 돌아가고 싶은 사람들은 앞을 다투어 귀국선에 몸을 실었다. 일본 정부는 식민지 정책과 전쟁으로 이른바 '외지(外地)'에 나가 있던 자국민의 귀환에만 신경을 쓰고, 강제로 동원한 조선인에 대해서는 귀환 대책을 강구하지 않았다. 따라서 조선인은 자력으로 한반도로 귀환하는 사람들도 많았고, 1945년 10월에 결성된 재일본조선인연맹(조련, 조총련의 전신) 조직의 지원을 받아 귀환하기도 하였다. 그러나 귀환하려고 하는 사람은 많은데 귀환선이 부족하여 정원의 몇 배나 되는 사람들을 태우고, 승선한 사람들의 명부도 제대로 없이 위험한 귀환길에 올라야 했다. 그래도 일제 치하에서 해방된 조국으로 돌아간다는 기쁨에 환성을 지르며 배에 올랐을 것이다. 그나마 배에 오른 사람은 귀환을 희망하는 사람들의 일부였으며, 무사히 귀환하지 못하고 영령(英靈)이 된 사람들도 많았다.

강제징용 등으로 끌려간 조선인 노무자와 그 가족들 3,735명을 태우고 1945년 8월 22일에 아오모리[青森] 현을 출발해 부산으로 향하던 귀국선 우키시마호[浮島丸]가 도중에 교토의 마이즈루[舞鶴] 만에 배를 세웠다가 8월 24일에 폭침당한 사건이 발생했다. 오후 5시 20분경에 갑자기 폭발음과 함께 선체가 둘로 갈라져 바다에 가라앉았는데, 이 사건으로 확인된 것만으로도 부인과 아이를 포함한 조선인 524명과 일본인 승무원 25명이 희생되었다. 신원이 확인되지 않은 채 무연고자로 처리된 사람

도 많았고, 인양되지 못하고 심해로 유실된 사람도 있었을 것이다. 현재까지도 사건의 진상이 제대로 규명되지 않은 데다 정확한 사망자 수도 밝혀지지 않고 있다. 마이즈루 시에는 희생자를 추도하는 「순난의 비[殉難の碑]」(1978년 건립)가 세워져 있다. 그리운 고국 땅을 밟아 보지도 못하고 가족도 만나지 못한 채 이국에서 죽어간 순난자들의 넋이나마 조국으로 돌아가기를 바라는 추도가가 비의 측면에 아리랑 노랫가락에 실려 새겨져 있다.

우키시마호 폭침사건 외에도, 태풍이 불어 배가 뒤집히는 사고 등의 재난이 겹친 데다 한반도의 정세 불안과 돌아간 후의 경제생활이 곤란한 문제 때문에 귀국을 단념하고 일본에 정착하는 사람들이 늘어났다. 그리고 1948년에 한반도의 남북에서 각각 별개의 정부가 수립된 이후에는 분단된 조국으로 돌아가는 것을 거부하는 경향이 더욱 커져서 60만 명 정도의 사람들이 일본에 남아 재일코리안으로서 일본 정주의 삶을 선택했다.

이렇게 일본 정주의 길을 선택한 사람들은 재일코리안 최대의 집단 거주지인 오사카에서 집단적인 활동을 통해 대중적 기반을 마련하고 자신들의 생각을 표출하며 전후 일본의 삶을 구축해 갔다. 이를 잘 살펴볼 수 있는 것이 서클 시지(詩誌) 『진달래[ヂンダレ]』이다. '서클지'는 아직 공산주의 사상으로 조직화되지 않은 소수의 아마추어들이 중심이 되어 정치 운동의 기반을 넓힐 목적으로 조직한 서클운동의 기관지이다. 서클지 활동을 통해 동료를 늘려 대중 운동의 저변을 확대해 간 소비에트 문화정책운동이 일본에 들어온 형태라고 할 수 있다. 1950년대 일본에 퍼진 문화운동의 영향을 받아 시지 『진달래』는 1953년 2월에 오사카 '조선시인

집단(朝鮮詩人集団)'의 기관지로 창간되어 시 창작과 비평, 르포르타주 등의 내용을 실었다. 시인 김시종이 편집 겸 발행을 맡았고, 5명의 당원과 시 창작 경험이 없는 사람들의 활동이 주축이 되어 재일 사회 문화운동의 장으로 기능하였다. 『진달래』는 1958년 10월에 20호를 끝으로 종간되었고, 이듬해 1959년 2월에 기관도 해산되었다.

『진달래』의 창간사에, "백년이나 채찍아래 살아온 우리들이다. 반드시 외치는 소리는 시 이상의 진실을 전할 수 있을 것이다. 우리들은 이제 어둠에서 떨고 있는 밤의 아이가 아니다. 슬프기 때문에 아리랑은 부르지 않을 것이다. 눈물이 흐르기 때문에 도라지는 부르지 않을 것이다. 노래는 가사의 변혁을 고하고 있다"라고 적고 있다. 즉, 『진달래』는 시를 한 번도 써 보지 못한 사람들이 자신의 표현을 획득해 가는 주체적인 공간이었다. 시 창작을 통하여 재일의 공동체 문화 공간을 만들고, 식민에서 해방으로, 그리고 다시 한국전쟁을 겪어야 했던 1950년대 재일코리안의 현실적인 생활과 민족 문제를 비롯하여 원초적이면서 집단적인 재일 사회의 다양한 목소리를 표출시켰다.

뿐만 아니라, 『진달래』는 서로의 시 작품에 대해 비평하고 시론에 대하여 공동으로 논의하는 공론장으로서도 기능하였다. 또 일본 내의 타지역 동포 집단과 소통하고 연대하는 매개체 역할도 하였다. 이와 같이 『진달래』는 전후 일본 사회에서 식민과 전쟁, 그리고 분단으로 이어진 삶을 살아낸 재일코리안에게 창작과 공론의 장으로서 기능한 대중적 기반의 원형이 된 잡지라고 할 수 있다. 다음은 3호(1953)에 실린 권동택(權東澤)의 「시장의 생활자」라는 시이다.

도로는 생선 비늘로 번쩍거리고 있었다 / 저고리 소매도 빛나고 있었다 / 우리 엄마는 삐걱거리는 리어카를 밀며 / 오늘도 중앙시장 문을 넘는다 / 생선창고 근처 온통 생선악취 속을 / 엄마는 헤엄치듯/ 걸어갔다 // 여자아이가 얼음과 함께 미끄러져 온 물고기를/ 재빨리 움켜쥐고 달아났다 / 갈고리가 파란 하늘을 나는 고함소리와 함께 / 어두운 쓰레기장에는 썩어 짓무른 생선더미, 생선더미 / 그곳은 파리들의 유토피아였다 / 엄마는 그 강렬한 비린내 속에 쭈그리고 앉아 있다

여기에서 말하는 '시장'은 당시 이카이노의 '조선 시장'을 가리킨다. 힘겨운 가운데에서도 열심히 살아가는 재일코리안의 생생한 삶이 잘 그려져 있다.

4. 오사카공원에 새겨진 전쟁과 식민의 기억

오사카를 찾는 관광객이면 누구나 둘러보는 곳이 오사카성일 것이다. 오사카성은 전국시대를 통일한 도요토미 히데요시[豊臣秀吉]가 적의 침략을 막고 자신의 권력을 과시하기 위하여 1583년에 축성한 것으로, 성이 완공된 후 1592년에 임진왜란이 시작되었으니 우리에게는 조선 침략의 상징으로 느껴지는 곳이기도 하다. 오사카성은 태평양전쟁 말기에 미군의 공습을 받아 파괴된 것을 전후에 복구해 현재에 이르고 있다.

전쟁 중에 오사카성 일대가 공습을 받은 이유는 주변에 군사시설이 많

았기 때문이다. 특히, 일제 패망 직전인 1945년 8월 14일에 대공습이 가해졌다. 당시 이곳에는 아시아 최대 규모의 병기 공장인 오사카육군조병창이 있었는데, 전쟁 말기에 이곳에 동원된 사람은 일반 공원(工員) 외에도 학도, 여자정신대, 일반 징용공원 등 64,000명에 달했다. 그리고 이 안에는 강제 동원된 1,300명 이상의 조선 청년이 포함되어 있었다. 오사카성 공원 안에 있는 명판 '오사카성 공원 안에 남아 있는 전쟁의 상흔[大阪城公園内に残る戦争の傷あと]'에는 공습으로 도시가 폐허로 되고 오사카성의 천수각이 파손된 전쟁의 상처가 기록되어 있다. 이 명판은 전후 50년 전적(戰跡) 보존사업의 일환으로 1996년에 건립된 것이다.

1990년대는 한일 문제와 재일코리안 사회를 둘러싸고 여러 변화가 생긴 시기였다. 1991년에 일본군 '위안부' 피해자 김학순 할머니의 증언이 있었고, 1993년에는 '위안부' 문제에 일본 정부가 직간접적으로 관여했다고 인정한 고노 요헤이[河野洋平] 내각관방장관의 이른바 '고노담화'가 발표되었다. 그리고 1995년에는 무라야마 도미이치[村山富市] 전 일본 총리가 일본의 식민지배와 침략에 관해 공식적으로 사죄한 '무라야마 담화'가 이어졌다. 해방된 지 50년 만에 나온 변화였다. 최근에 과거로 회귀하는 일본의 역사왜곡 문제가 심각한데, 오사카성 비문에 새겨진 "아시아 태평양 지역 국민들에게 큰 재앙과 고통을 안겨 주었음을 잊어서는 안 된다"는 문구를 기억해야 할 것이다.

1990년대 중반의 같은 시기에 나온 양석일(梁石日)의 장편소설 『밤을 걸고[夜を賭けて]』(1994)는 오사카 조병창 터에서 1950년대에 실제로 있었던 재일코리안의 삶의 현장을 그리고 있다. 전시 중에 폭격을 받은 병기류

나 철강류의 잔해는 전후에 어느 정도 정리되었지만, 땅속에 파묻힌 철 조각은 그대로 남아 있었다. 이것을 복지의 사각지대에서 차별받고 궁핍하게 생활하던 재일코리안 부락 사람들이 발견하고 밤을 틈타 몰래 캐내 근근이 생계를 유지했는데, 이러한 사실이 발각되면서 단속하는 일본 경찰과 대치하여 벌이는 재일코리안의 일련의 사투가 소설의 전반부를 이루고 있다. 그리고 이러한 1950년대의 사투는 후반부에서 주인공의 회상과 기억을 통해 소설 집필 시점인 1990년대의 시각에서 그려진다.

이 사건은 『아사히신문[朝日新聞]』(大阪, 1958.8.2.,夕刊)에 보도되었는데, 재일코리안 부락(당시 '아파치 부락'으로 불림)에서 히라노강을 건너 구 조병창 공장 터로 숨어들어 철 조각을 주워 오는 과정이 소개되어 있다. 양석일의 소설에 당시 강한 메탄가스를 뿜어내던 수렁 같은 죽음의 강을 생사를 걸고 건너가 철 조각을 줍고 경찰과 사투를 벌인 재일코리안의 모습이 생생하게 그려져 있다.

일본의 미디어는 이 사건을 '아파치 사건'으로 보도했다. 재일코리안 부락을 '아파치 부락'으로 부른 것은 아메리카 대륙의 원주민을 바라보듯 전후 일본 사회에서 이질적인 집단으로 배제하고 비(非) 국민화하는 차별적인 시선을 드러낸다. 재일코리안의 사투를 한낱 조롱거리로 우스꽝스럽게 보도한 것인데, 이를 작자 양석일은 소설에서 해학적이고 풍자적으로 형상화하여 희화화(戱畫化)함으로써 당시의 상황을 비판적으로 그리고 있다.

한국전쟁을 계기로 일본은 고도의 경제성장기에 접어들었고, 패전의 기억은 급속히 잊혀 갔다. 특히, 1964년 도쿄올림픽을 앞두고 일본은 전국적으로 주요 지역을 정비했고, 오사카성 일대 역시 공원으로 조성되고 새로운 분위기로 탈바꿈하여 이제는 재일코리안의 사투의 현장은 찾아보기 어렵다. 이러한 의미에서 소설의 마지막에서 작중인물이 오사카공원에서 열린 '원 코리아 페스티벌'에 참석해 하늘 높이 솟아오른 오사카성을 배경으로 아름답게 꾸며진 넓은 공원을 둘러보면서 예전에 이곳에서 있었던 자신들의 사투의 기억을 떠올리는 장면은 상징적이다.

재일 사회는 본래 일본의 식민지배에서 파생된 것인데, 식민지배를 통한 약탈과 노동력 착취에 대한 일본의 전후 처리가 제대로 이루어지지 않은 데다 정치사회적으로 차별을 받아 재일코리안은 복지 사각지대의 빈민층으로 전락했다. 국유재산인 철 조각을 몰래 캐어갔다는 혐의로 단속하고 오무라 수용소에 보냈다가 본국으로 강제 송환하는 등의 처벌을 내리며 마무리된 이 사건에 대해 소설은 왜 이런 사건이 발생했는지 묻고, 책임 의식 없이 전후 50년을 지내 온 일본 사회를 비판하고 있다.

5. 과거와 현재가 어우러지는 오사카

2021년 세밑에 히가시오사카[東大阪]에 위치한 재일본대한민국민단(이하 '민단') 사무실에 해머를 던져 유리창이 깨진 사건이 일어났다. 이른바 '헤이트 크라임(증오범죄)'이다. 인명피해를 가져온 큰 사고는 아니었지만, 이러한 작은 사건들을 미온적으로 방치하면 자칫 큰 사건으로 이어질 수 있기 때문에 경계를 늦추지 말아야 할 것이다. 지난 7월에도 아이치[愛知] 현에 있는 민단 본부를 노린 방화사건이 발생했고, 8월에도 재일 코리안 집단 거주지인 교토[京都]의 우토로 마을에서도 방화로 추정되는 화재가 일어나는 등 재일코리안을 향한 혐한(嫌韓) 문제가 최근 들어 헤이트 스피치의 도를 넘어 범죄화되고 있다. 『아사히신문』(2022. 1. 10.)은 사설에서 범행을 긍정하고 피해자 측을 비난하는 목소리가 인터넷에서 퍼지고 있는 현상을 주목하며, 여기에 재일코리안을 향한 증오와 차별이 있다고 우려를 표했다. 그리고 지역과 정부가 협력해 헤이트 스피치나 헤이트 크라임을 거부한다는 의사를 계속 보여 줄 필요가 있다고 말했다.

이와 같이 재일코리안을 향한 일본 사회의 혐오와 배외주의는 가속화되고 있는데, 특히 '올드커머'가 많이 살고 있는 오사카에서는 이러한 헤이트 크라임이 끊이지 않고 일어나고 있다. 재일코리안 중에서도 '올드커머'는 일본 거주의 역사성을 고려하여 어떤 문제가 발생했을 때 강제 송환 되지 않는 특별영주권 자격을 갖고 있다. 그런데 일본의 대표적 극우단체인 '재일특권을 용납하지 않는 시민모임[在日特権を許さない市民の会, 이하 '재특회']'이 특별영주권을 '재일특권'의 하나라고 주장하며 재일 사회를 공격하고 있다.

'재특회'가 주장하는 '재일특권'이란 재일코리안이 다른 외국인과 다르게 '특권'을 가지고 있다는 것이다. 그러나 이것은 '재특회'가 차별을 선동하기 위해 멋대로 '특권'이라는 딱지를 붙여 유포한 것일 뿐, 재일의 '특권'이 아님은 물론이다. 일제강점기 이래 부득이하게 일본에 살고 있는 구 식민지 출신자들은 역사적으로 다른 외국인과 구별되기 때문에 관련

법령이나 규정이 다를 수밖에 없는 것은 당연한데, 이러한 역사적 경위를 부정하고 조선 식민지 지배의 역사를 왜곡하는 역사수정주의자들의 주장과 맞물려 '특권'으로 날조하고 차별과 혐오의 구실로 악용하고 있는 것이다.

재일코리안을 향한 일본 사회의 혐오에 대하여 본격적으로 비판을 제기한 재일 작가는 유미리(柳美里)이다. 1997년에 『가족 시네마[家族シネマ]』로 '아쿠타가와상[芥川賞]'을 수상했을 때 사인회가 열리기로 예정되어 있었다. 그런데 '신우익'을 자처하는 사람의 협박으로 인하여 취소되고, '재일'이라는 특권을 이용하여 돈을 벌고 있다는 극우파의 주장을 미디어가 선동하면서 파장이 커졌다. 이에 대하여 유미리는 혐오를 부추기는 일본의 언론계를 비판하였다. 최근에 다양한 형식의 미디어가 가세하면서 노골적인 혐오와 물리적 폭력, 공격적 성향이 커져 인종차별과 증오를 부채질하고 있는데, 재일 작가 후카자와 우시오[深沢潮] 역시 어떠한 차별 선동도 간과하지 않겠다고 선언하고 '헤이트 스피치(혐오 발언)'를 비판한 바 있다. 최근에 후카자와 우시오는 사태의 심각성을 느끼고 문학 활동을 통해서 비판하는 형태를 그만두고, 거리로 나가 직접 마이크를 잡고 사람들 앞에서 차별 선동을 멈춰 달라고 호소하고 있다.

이와 같이 재일 사회를 향한 헤이트 스피치와 헤이트 크라임 등의 혐오 문제를 작품세계의 전면에 내건 새로운 재일 작가가 등장했다. 재일 3세인 이용덕(李龍德)은 2014년에 데뷔작 『죽고 싶어지면 전화해[死にたくなったら電話して]』로 '문예상(文藝賞)'을 수상했는데, 작중세계의 소재나 내용 전개에서 일본 사회의 배외주의와 혐오가 가속화된 현실을 보여 주고

있다. 오사카와 교토를 공간적 배경으로 이야기가 전개되는데, 제목만 언뜻 봐서는 자살 충동을 갖고 있는 사람에 대해 대화를 통해 자살을 막고 극복할 수 있도록 도와주려는 이야기처럼 보이지만, 사실은 정반대의 이야기이다.

작중 인물 도쿠야마 히사시는 삼수생으로 무료한 일상을 보내던 중에 친구들과 찾은 단란주점에서 야마나카 하쓰미라는 여성을 만난다. 하쓰미는 도쿠야마에게 핸드폰 번호와 함께 '죽고 싶어지면 전화해 주세요'라는 메모가 적힌 쪽지를 건넨다. 도쿠야마는 처음에는 하쓰미를 경계하지만, 점차 사귀는 사이가 되고 그녀에게 빠져든다. 살인이나 고문, 학살 등의 잔혹한 세계 역사에 대하여 쏟아내는 엄청난 양의 독서력을 갖고 있는 하쓰미의 언설을 들으며 도쿠야마는 그녀의 염세적 세계관에 깊이 빠져든다. 하쓰미는 도쿠야마에게 동반자살하자고 제안하고, 결국 두 사람은 하쓰미의 고급 맨션에서 가족과 주위 사람들과의 연결 고리를 끊고 섭식도 중단한 채 종국에는 죽음에 이른다는 내용이다.

작자 이용덕은 문예상 수상 기념 대담에서 오사카를 무대로 한 근세 시대의 동반자살극 『소네자키 숲의 정사[曾根崎心中]』처럼 자신도 '죽음'을 테마로 소설을 쓰고 싶었다고 하면서, 현대적인 동반자살을 그려보려고 '사신(死神)'의 히로인으로서 하쓰미를 등장시켰다고 말했다. 『소네자키 숲의 정사』는 18세기 초에 오사카 소네자키 숲에서 간장 가게 종업원 도쿠베와 유녀 오하쓰가 정사(情死)한 실제 사건을 가부키 극작가인 지카마쓰 몬자에몬[近松門左衛門]이 극본으로 완성한 작품이다. 오사카의 우메다[梅田]에 가면 오하쓰텐진[お初天神]이라는 신사가 있는데, 이곳에서 동반자살한 두 사람을 기리기 위하여 경내에 동상을 만들어 연애의 성지로 떠받들고 있다.

　오사카는 이곳 우메다를 중심으로 하는 기타[北] 지역과 난바(難波)를 중심으로 하는 미나미[南] 지역의 분위기가 다르다. 상업 중심의 번화한 소비 공간과 과거로부터 이어진 전통적 유흥가의 모습이 공존하고 있는 것이다. 오하쓰텐진은 전철역 가까운 곳의 빌딩들 속에 위치하고 있어서 이곳을 찾는 사람들에게 현대와 전통의 어우러짐을 느끼게 한다.

　『죽고 싶어지면 전화해』의 작중인물 하쓰미가 『소네자키 숲의 정사』의 오하쓰를 현대적으로 새롭게 만들어 낸 인물이라고 작자 이용덕이 밝혔는데, 이는 매우 흥미로운 시각을 보여 준다. 『소네자키 숲의 정사』에서 도쿠베는 사실 시대의 변화에 적응하지 못하여 결국 죽음을 맞이한 인물이다. 일본의 근세시대는 상업이 발달하여 서류나 인감을 가벼이 다뤄서는 안 되는 신용 중시의 사회로 빠르게 변화하고 있었다. 그런데 도쿠베는 구헤이지라는 악당을 친구로 믿고 의리와 인정을 고집하며 돈을 빌려주는 구태의연한 사고방식을 가진 인물로, 나중에 차용증서를 위조했다는 혐의를 받고 자신의 무고함을 입증하지 못한 채 오하쓰를 동반자살로 끌어들이고 만다. 작품을 읽고 있으면 두 사람의 연애에 대한 감동보다는 오히려 도쿠베의 속 터지게 하는 시대착오적인 무책임이 화를 돋운다. 그에 비하면, 오하쓰는 도쿠베를 몰래 숨겨주거나 같이 죽을 결심을 하는 장면에서 대담하고 결단력 있게 행동한다. 이러한 오하쓰의 매력이 『죽고 싶어지면 전화해』의 하쓰미에서 죽음을 관장하는 신으로서 새롭게 형상화된 것이다.

작중인물 도쿠야마는 재일 출신으로 나온다. 그리고 도쿠야마가 하쓰미를 처음 만난 곳은 그녀가 일하던 쥬소[十三]의 단란주점이었는데, 쥬소 지역도 재일코리안이 많이 살고 있는 곳이다. 오사카 북부지대를 흐르는 요도가와[淀川]강에서 봤을 때 교토에서 오사카 방면으로 13번째 나루터가 있었던 데에서 유래한 이름이다. 작중인물의 설정과 이야기의 공간적 배경에 더하여, 죽음의 신으로 형상화된 하쓰미가 인간의 잔학함과 폭력성을 가차 없이 쏟아내는 장면은 현대의 일본 사회에서 횡행하는 헤이트 스피치와 헤이트 크라임에 대한 안티테제로도 읽을 수 있다.

소설 『죽고 싶어지면 전화해』는 인간의 악의와 혐오, 차별과 폭력으로 갈등과 대립이 일어나고 있는 현실을 안일한 희망으로 해소하거나 감성에 호소하여 섣부른 낙관을 보여 주는 대신, 철저하게 파고들어 파멸시키고 끝장을 내버리는 파괴를 보여 준다. 결국 하쓰미가 도쿠야마에게 건넨 '죽고 싶어지면 전화해'라는 메시지는 인간의 악의와 혐오, 폭력이 불러올 수 있는 공멸(共滅)에 대하여 죽음의 신이 보내는 경고라고도 볼 수 있다.

이 작품은 날로 증가하고 있는 재일코리안을 향한 일본 사회의 혐오와 폭력에 대한 문제 제기가 오사카의 지역성을 배경으로 잘 표현된 수작(秀作)이다. 이용덕은 최근에 1923년 간토대지진[関東大震災] 때 일어난 조선인 학살사건을 연상시키는 제목의 소설 『당신이 나를 죽창으로 찔러죽이기 전에[あなたが私を竹槍で突き殺す前に]』(2020)를 발표하여, 일제강점기 이래 지속된 일본 배외주의의 뿌리 깊은 폐해와 문제의 심각성을 비판하며 일본 사회의 성찰을 촉구하였다.

6. 제주도-오사카-북한으로 이어진 고향 상실의 기록

최양일(崔洋一) 감독의 영화 〈피와 뼈[血と骨]〉(2004)는 양석일의 동명의 소설을 영화화한 것인데, 영화의 시작과 끝에 동일하게 등장하는 장면이 인상적이다. 바로 1923년에 운항을 시작한 제주-오사카 간 직항선 기미가요호를 타고 조선 사람들이 제주도를 떠나 오사카를 향하는 장면이다. 여기에 청년 김준평이 타고 있다. 멀리서 오사카가 보이기 시작하자, 사람들이 "대판(大阪)이야! 대판이 보였어!" 하고 외친다. 바다 멀리 보이는 오사카에는 공장들이 즐비하게 서 있고 곳곳의 굴뚝에서 연기를 뿜어내고 있다. 식민지 조선에서 먹고 살 것조차 없어 쫓기듯 떠나온 사람들의 눈에 들어온 오사카는 잘 살아 보겠다는 의지와 희망을 심어 주었으리라.

오사카에 정착한 김준평은 가족에게 끊임없이 폭력을 가하고 성폭력을 아무렇지도 않게 자행하는 그야말로 '괴물'이 되었다. 돼지고기를 삭혔다가 먹는 그로테스크한 장면이나 돈만을 추구하며 주위 사람들을 잔혹하게 대하는 장면은 마음 편하게 보기 어렵다. 그런데 이 영화를 소개하는 이유는 일제강점기와 그 이후를 살아온 사람들에게 일어난 일들이 150분 정도의 러닝타임에 잘 들어가 있기 때문이다.

김준평이 운영하는 어묵 공장에 조총련계 조직에서 활동하는 찬명이 노동자로 고용되어 들어오는데, 북한 주체사상을 이야기하고 관련된 신문을 읽는 장면이 있다. 찬명은 일본 공산당에서 활동하는 사람들과 함께 경찰서에 불을 질러 붙잡혀 구속이 되는데, 오사카 스이타[吹田] 시에서 발생한 '스이타사건'을 묘사한 것으로 보인다. 스이타사건은 한국전쟁 발발 2년을 맞이하여 일본 정부가 미군의 기지로서 한국전쟁에 협력하는 것을 막기 위하여 일본인 노동자와 학생, 재일코리안이 일으킨 반전운동이다. 한국전쟁 당시에 일본에서 제조된 무기와 탄약이 국철 스이타 열차 조차장에 집약되어 한국으로 수송되었기 때문에, 이를 저지하려고 무력투쟁을 벌인 것이다.

찬명은 출소한 후에 1959년부터 1984년까지 단속적(斷續的)으로 이어진 북한 '귀국사업(The Repatriation Project)'으로 북한으로 떠난다. '귀국사업'은 한국에서는 '북송'으로 알려져 있는데, '북송'이라는 말도 '귀국'이라는 말도 모두 어폐가 있다. '북송'은 한국으로 돌아와 한국 경제에 이바지해야 할 재원(財源)이 북한으로 흘러들어 가는 것에 대한 한국인의 비판적인 시각이 들어 있는 표현이고, '귀국'은 전후 일본 사회에서 복지와 치안 문제로 골칫거리인 재일코리안을 인도적 명분을 내세워 조국으로 보낸다는 일본의 잇속이 맞아떨어진 표현이다. 한편으론, 제주도가 고향인 다수의 사람들이 분단된 이북으로 간다는 것은 다시는 고향 땅을 밟지 못하는 이산(離散)의 길을 의미한다. 오사카의 기차역에서 찬명을 비롯하여 북한으로 떠나는 사람들과 배웅하는 사람들이 서로 손을 붙잡고 "공화국에서 만나자"며 이별을 아쉬워하는 장면이 있는데, 지금의 시점에서 보면 덧없는 약속이 여운을 남긴다.

김준평은 뇌졸중으로 몸도 제대로 가누지 못한 상태에서도 무자비하고 잔혹하게 그러쥔 돈을 싸들고 일본인 여자에게 낳게 한 아들을 납치하다시피 끌고 북한으로 귀국한다. 그리고 1984년에 초라한 초가에서 죽 한 그릇도 얻어먹지 못하고 임종을 맞이하는데, 죽음 직전에 과거에 제주도를 떠나 오사카가 보이는 뱃머리에서 희망에 부풀어 있던 자신의 젊은 모습을 떠올리는 장면에서 영화가 끝난다.

김준평의 죽음은 식민과 분단으로 고향에서 내몰려 해방 후에도 돌아가지 못하고 차별과 멸시를 견디며 살아온 고향 상실자로서의 재일코리안의 내면을 보여 주는 듯하다. 4·3사건으로 해방 후에 일본으로 건너온 사람들 역시 고향 상실자이다. 국가권력의 폭력을 운운하지 않더라도, 조국에서 무참하게 내몰린 사람들에게 고향은 잔혹한 기억으로부터 벗어나고 싶으면서도 결코 잊을 수 없고, 시간이 갈수록 더욱 놓을 수 없는 정념의 장소로 기억되는 것 같다. 김석범이 필생의 과업으로 4·3사건을 이야기해 오고 있는 이유도 아마 여기에 있을 것이다. 또, 북한으로 귀국한 자신의 세 오빠 이야기를 다큐멘터리로 찍어 온 양영희(梁英姬) 감독이 〈수프와 이데올로기〉(2021)에서 알츠하이머를 앓는 가운데 4·3사건의 기억을 이야기하기 시작하는 어머니의 내면을 보여 주려고 한 것도 같은 맥락에서 생각해 볼 수 있다. 이와 같이 근대 한국의 디아스포라 공간인 오사카에는 식민과 냉전을 지나면서 재일코리안이 놓으려야 놓을 수 없었던 삶과 투쟁이 오롯이 담겨 있다.

니가타에서
분단과 이산을 넘다

김계자
한신대학교 평화교양대학 교수

일본 니가타[新潟]는 한반도의 38도선을 동쪽으로 연장하면 닿는 곳에 위치한 현으로, 특산물로 쌀과 술이 유명하다. 겨울에는 눈이 많이 와서 스키장과 온천을 즐기는 사람이 많고, 지진 피해로 뉴스에 자주 보도되기도 한다. 또, 1968년에 일본 최초로 노벨문학상을 받은 가와바타 야스나리[川端康成]의 소설 『설국(雪国)』이 이곳을 배경으로 하고 있어 더욱 유명해진 곳이다. "접경의 긴 터널을 빠져나가자, 설국이었다"는 소설의 첫 문장이 유명한데, 군마(群馬) 현과 니가타 현을 연결하는 시미즈[清水] 터널을 기차가 빠져나온 순간의 하얗게 눈으로 덮인 은세계를 표현한 문장이다. 그런데 니가타는 우리 민족과 관련해서도 기억해야 할 역사와 현안을 안고 있는 곳이다. 한반도의 남과 북, 일본을 포괄하는 시좌(視座)에서 니가타를 둘러싼 문제들을 살펴보자.

1. 니가타 현 조선인 노동자 학살사건

일본 정부가 니가타 현의 사도광산(佐渡鉱山)을 세계문화유산 등재 추천을 위한 후보로 선정하여 논란을 빚고 있다. 니가타 현 앞바다의 섬에 있는 사도광산은 에도시대(江戸時代)부터 금광으로 유명한 곳으로, 아시아·태평양전쟁 시기에는 전쟁물자를 확보하는 데 활용되었다. 여기에 약 1,200명의 조선인이 강제동원되어 임금도 제대로 받지 못하고 가혹한 노역에 시달렸으며, 탈출하다 붙잡히면 심한 폭행이 가해졌다는 기록이 남아 있다.

그런데 일본 정부는 사도광산의 문화유산 등재 대상 기간에서 일제강점기를 제외하고 에도시대까지로 한정하여 제출함으로써 강제동원의 역사를 은폐하려는 꼼수를 부리고 있다. 이는 2015년 '하시마(군함도)' 세계문화유산 등재 때와 마찬가지로 역사를 왜곡하는 행위이며, 일본의 강제징용에 따른 조선인의 희생을 은폐한 채 근대 일본의 산업혁명의 유산으로 치장하며 식민지배와 전쟁의 책임 문제를 정면에서 마주하지 않는 전후 일본의 모습을 드러내고 있다. 곧 전후 80년을 맞이하는 시간의 흐름이 무색할 정도로 일본은 전후에 전혀 변하지 않았을 뿐만 아니라, 오히려 시대를 역행하는 행보를 보이고 있는 것이다.

사도광산 외에도 니가타 현에는 1920년대부터 조선인이 강제로 노역한 기록이 있다. 일본이 본격적으로 전시체제에 접어들기 전인 1920년대에 조선인에게 강제로 노역을 시키고 탈출하려고 한 노동자들을 무참히 살해한 사건이 발생했는데, 니가타 현 시나노가와(信濃川)에 위치한 신월전력주식회사(信越電力株式會社) 수력발전소 공사장에서 일어난 조선인 노동자 학살사건이다. 1922년 7월 말에 처참하게 살해된 조선인 노동자의 시체가 강물에 떠내려 오는 것을 주민이 발견하여 관할 경찰서가 조사하였고, 이 사실이 『요미우리신문[讀賣新聞]』에 보도되면서 사건이 밖으로 알려지게 되었다. 수력발전소 공사를 담당한 조직인 오쿠라구미[大倉組]의 관리자들이 임금도 제대로 받지 못하고 최악의 노동환경을 견디다 못해 도망치려는 조선인 수십 명을 무참히 살해한 학살 사건인데, 얼마나 많은 조선인이 학살되었는지 정확한 인명피해는 보고된 바 없고, 사건의 진상 규명도 지금까지 이루어지지 않고 있다. 그나마 일본에서 1920년대는 공산주의사상과 프롤레타리아운동이 활발하게 전개되던 시기였기 때문에 이러한 사건이 보도될 수 있었던 것으로 보인다. 간토대지진[関東大震災] 때의 조선인 학살이 일어나기 불과 1년 전의 일이었다.

일본 전국 곳곳에는 일제강점기에 강제로 동원되어 가혹한 노역에 희생된 조선인을 기리는 추도비가 많이 세워져 있다. 물론 강제동원의 역사적 사실을 상세히 적거나 일본인과 별도로 조선인의 이름을 적시하여 추모하고 있는 곳은 많지 않다. 그러나 비문을 통해 조선인이 강제 동원된 역사와 정황을 살펴볼 수 있다. 가혹한 노역에 혹사당하고 기본적인 인권마저 침해당하며 견뎌야 했던 조선인의 희생은 은폐한다고 사라지는 것이 아니다. 역사적 사건에 대한 진상 규명과 올바른 역사인식 위에서만 발전적인 한일관계를 기대할 수 있을 것이다.

2. 북한으로 귀국한 재일코리안

니가타에서 1959년 12월에 첫 귀국선이 출항하여 1984년까지 약 26년간 187회에 걸쳐 이어진 '귀국사업(The Repatriation Project)'으로 약 93,340명의 재일코리안이 북한으로 건너갔다. 여기에는 가족으로 따라간 일본인 동반자도 약 2,000명 포함되어 있다. 재일코리안이 약 60만 명이라고 하면, 재일 사회의 15%가 북한으로 귀국한 셈이다.

'귀국'이라는 말은 사실 정확히 맞는 표현은 아니다. 일제강점기에 일본으로 건너간 사람들의 대부분은 경상도나 제주도가 고향인데, 북한으로 이주하는 것은 남북이 분단된 상태에서 고향으로 돌아갈 수 없는 길이었으므로 '귀국'이라고 보기는 어렵다. 그러나 본고에서는 당시 일본에서 공식적으로 사용한 '귀국'이라는 용어를 그대로 사용하기로 한다.

지금의 시점에서 당시 지상낙원으로 선전했던 북한의 허상을 비판하고 귀국사업의 문제점을 지적하는 것은 쉽다. 그러나 귀국사업이 시작된 1950년대의 상황은 그렇지 않았다. 한국전쟁 직후에 김일성은 연안파와 소련파, 남조선 노동당 출신의 국내파를 숙청하고 권력기반을 다진 다음, 1954년부터 1956년까지 경제부흥 3개년 계획을 실시하여 농업과 수공업의 집단화작업을 통해 경제를 발전시켰다. 이와 같이 당시 북한은 김일성 유일 독재체제가 확립되었고, 이에 발맞춰 재일 사회에서도 1955년 5월에 '재일본조선인총연합회(조총련)'를 결성하고 북한과의 결속을 다졌다. 조총련은 북한으로부터 거액의 지원금을 받아 일본 전국에 40곳의 본부와 지부를 갖고 160개 이상의 학교를 세워 민족교육을 실시했다. 일본의 민족 차별로 진학이나 취업이 어려웠던 재일코리안은 동포를 돌보지 않는 남한과 달리 조직과 교육을 통해 일본 사회에서 연대해서 살아갈 수 있게 해준 북한을 조국으로 받아들이게 되었다. 이렇게 하여 북한 귀국사업이 시작되었을 때 차별받지 않고 살아갈 수 있는 선택으로 귀국을 희망하는 사람들이 많았다.

호주의 역사학자 테사 모리스 스즈키(Tessa Morris-Suzuki)는 1951년부터 1965년까지 15년간의 국제적십자사 공문서를 확인해서 재일의 '귀국'을 둘러싼 국제정치적 배경을 『북한행 엑서더스(Exodus to North Korea)』에서 밝히고, 냉소적인 국제정치와 책임의 결여를 지적한 바 있다.[1]

그에 따르면, 1959년 2월에 일본 정부는 북한과 재일코리안 양측의 압력에 응해 인도적인 이유로 출국 허가를 해주기로 합의하는 형식을 취했지만, 사실은 재일코리안에 빈민층이 많아서 범죄율이 높고 일본 정부의 복지 예산에 의존하고 있었기 때문에 재일 사회에 대한 공적 복지의 짐을 떠넘긴 셈이었다고 지적한다. 더욱이 일본 정부는 북으로 귀국하려는 사람들에게 일본으로 다시 돌아올 수 있는 가능성이 거의 없다는 사실을 숨기고 국제적십자사를 개입시켜 인도적인 명목을 내세워 귀국사업을 추진했다. 한편, 북한의 입장에서 보면 노동력 확보와 경제적 이익 외에도 한·미·일 삼자구도를 깨고 세계적 차원에서의 프로파간다의 승리 등 귀국사업은 득책이었을 것이다. 이에 대해 이승만 정권은 북으로의 귀국사업을 반대했으나, 정권 자체가 정치범을 부당하게 다루고 있었고 일본과의 외교 침체 상태를 타개하는 협상의 재료로 이용하려 하였으므로 국제사회에서의 한국의 입지는 약할 수밖에 없었다. 한편, 소련은 귀

---

[1] 테사 모리스 스즈키(2008), 『북한행 엑서더스―그들은 왜 '북송선'을 타야만 했는가?』, 안설호 옮김, 책과함께.

국에 자국의 배가 사용되는 데다 동북아에서의 영향력을 강화할 수 있었기 때문에 귀국사업을 적극 지원했다. 미국은 사업에 반대할 경우 미일 관계가 악화될 것을 우려해 침묵했다.

이렇게 하여 한반도를 둘러싼 국제정치와 냉전 구도 속에서 1959년 7월에 일본과 북한 사이에서 협정 초안이 완성되었고, 1959년 12월 14일에 니가타에서 북한의 청진을 향하여 첫 귀국선 크릴리온호가 출항했다. 사업이 시작된 1959년부터 1967년까지 9만 명에 가까운 사람들이 북한으로 건너갔다. 그 후에 3년간의 중단을 거쳐 1971년에 귀국사업이 재개되는데, 이때는 이미 귀국자 수가 현저히 줄어서 사업이 종료되는 1984년까지 5천 명이 채 되지 않는 사람들이 귀국하는 정도에 머물렀다.

귀국자의 수가 사업기간의 전반부에 몰려 있고 후반에 격감한 원인에는 고도의 경제 성장기를 지나면서 발전된 일본 국내의 사회경제적 변화가 있었다. 또, 여러 차례에 걸친 회담 끝에 1965년에 「한일협정」이 체결

＿＿＿ 니가타에서 귀국선이 출항하는 모습

되면서 한일 관계에도 변화가 있었다. 여기에 앞서 귀국한 사람들로부터 '지상의 낙원'이라던 북한의 선전이 거짓이라는 이야기가 흘러나오면서 귀국의 열기는 이미 사라진 후였다.

재일코리안이 북한으로 집단 귀국한 사건은 동북아 역사의 불편한 기억으로 남았고, 이러한 국가 간의 엇갈리는 기억 사이에서 이산(離散)의 삶을 살아 내야 하는 사람들은 귀국한 당사자들과 이들을 가족으로 둔 재일코리안이었다. 재일 문학에는 귀국사업이 시작되었을 때의 열기와 그 이후의 귀국자 가족 이야기가 많이 그려져 있다.

3. 니가타에서 조국을 그리다

일본적십자가 주도하고 니가타 현과 시민단체가 협력하여 귀국사업이 시작된 때부터 1964년까지 귀국현장에서 소식을 전하고 경과를 기록하기 위하여 뉴스레터 성격의 소식지 『니가타협력회뉴스[新潟協力会ニュース]』(1960.3.~1964.12., 총 73호 발간)가 발간되었다. 여기에는 귀국 초기의 열기부터 중단 직전까지의 귀국자 수의 추이, 관련자의 활동, 당시의 분위기 등이 수록되어 있다. 1960년 4월호에는 재일 시인 허남기(許南麒)의 다음과 같은 시가 실려 있다.

우리 조선인에게 / 일본의 지명은 / 기묘한 울림이 있다 / 오사카는 코크스 줍는 넝마주이라는 / 쓰레기 줍기에 날을 새는 / 쓰디쓴 땀과 눈물의 거리이며 도쿄는 센초와 / 주만엔 고깃센이라는 / 말할 수 없는 모멸과 폭악의 도시이며 / [⋯] 시모노세키는 여기에 상륙한 조선인은 그날부터 소가 되어야 하는/ 돼지가 되어야 한다는 것을 / 듣기 싫을 정도로 깨닫게 하는 거리라는 식으로 / 우리 조선인의 기억에는 / 일본의 지도는 차갑게 일그러져 / 몸도 얼리는 듯한 참혹한 곳뿐이다 / 하지만 여기 니가타는 다르다 / 이 항구만은 한겨울에 와도 마음속까지 우리를 따뜻하게 해준다 / [⋯] / 이 항구만은 / 우리가 잊었던 미소와 노랫소리를 되돌려 주었다.(밑줄은 인용자에 의함)

위 허남기 시인의 시는 우리 동포가 일본에서 살아온 삶을 말해 주는 듯하다. 일본의 지명에서 오사카는 일본 사회의 최하층에서 근근이 생계를 유지해야 했던 생활을 보여 주고, 도쿄는 1923년 간토대지진 때 있었던 조선인 학살사건으로 희생된 사람들의 영령이 새겨진 곳이며, 시모노세키[下關]는 일제강점기에 관부연락선을 타고 온 식민지 조선인들이 차별과 멸시를 견디며 살아야 했던 기억을 간직한 곳이다. 그에 비하여 니가타는 조국으로 귀국하는 곳이니 한겨울에도 따뜻하게 맞아 주는 곳이라고 허남기 시인은 노래하고 있다. 귀국사업이 막 시작되었을 때의 니가타에서의 감격이 그대로 느껴지는 시이다. 이 시를 보면 드는 생각이 있다. 만약 밑줄 친 네 곳의 지명을 빈칸으로 했을 때, 모두 정답을 채워 넣을 수 있는 사람이 우리 중 얼마나 있을까?

『니가타협력회뉴스』 외에도 동시기에 재일단체나 북한에서의 귀국사업의 열기와 의미를 전하기 위하여 잡지들이 창간되었다. 당시에 중심이 되어 활동한 단체는 '재일본조선문학예술가동맹'(이하 '문예동')이었다. '문예동'의 성립은 해방 직후로 거슬러 올라간다. 먼저 1947년 2월에 '재일본조선문학자회'가 결성되었고, 1948년 11월에 '재일본조선문학회'로 재편되었다. 그리고 한국전쟁 이후 북한의 영향력이 커지면서 1955년 5월에 재일본조선인총연합회(조총련)가 조직되었고, 조선민주주의인민공화국에 직결되는 형태로 1959년 6월에 '문예동'이 결성되었다. 문예동은 조총련 산하의 다양한 문화예술단체의 연합체 성격이었는데, 여기에서 펴낸 조선어 잡지『문학예술』과『조선문예』에 귀국사업 관련 내용을 대대적으로 실었다.

특히,『문학예술』(1960.1)은 창간호의 목차에 귀국선의 모습을 삽화로 그려 넣고, 귀국을 둘러싼 글과 문학작품을 실어 귀국사업을 홍보하였다. 그 외에 북한에서 펴낸 일본어 잡지『새 세대[新しい世代]』(1960.2.),『오늘의 조선[きょうの朝鮮]』(1959.1.)도 창간되어 귀국을 둘러싼 재일코리안의 동시대적 상황과 목소리를 생생하게 담아냈다. 북한에서 일본어로 잡지를 창간해 재일 사회에 배포한 데에는 재일 동포에게 북한을 홍보하고 귀국을 독려하려는 목적이 엿보인다. 또한, 귀국자들의 생활을 전체적으로 보여 주는 수기집도 발간되었는데, 국문으로 펴낸『꽃피는 조국-귀국자들의 수기』(1962, 재일본조선인총연합회 편)와 일본어로 펴낸『어머니 조국-귀국동포의 수기집[母なる祖国ー帰国同胞の手記集ー]』(1967, 朝鮮青年社)이 있다. 사회 각계에서 활약하는 사람들로 저자를 구성하여 시나 수필, 편지 형식으로 귀국생활에서 느끼는 감격을 실었다.

지금의 시점에서 생각해 보면 귀국한 사람들이 다시는 돌아오지 못할

곳으로 떠났기 때문에 니가타는 분단과 이산의 슬픈 장소이지만, 1960년 대 초에 한반도의 분단이 이렇게 오래 가리라고는 누구도 생각하지 못했을 것이다. 마찬가지로 북한과 일본의 국교 정상화가 이렇게 오래도록 이루어지지 않을 것을 누가 예상했겠는가. 동시대의 시점에서 재일코리안의 귀국 동인(動因)을 생각해 볼 필요가 있다.

4. 돌 하나의 목마름에 천의 파도를 실어

제주 4·3사건의 단속을 피해 일본으로 밀항한 재일시인 김시종은 니가타에서 출항하는 귀국선을 바라보며 조국을 그리는 마음을 장편시집 『니가타』로 엮었다. 김시종은 당시 조총련 조직의 비판을 받고 있어서 귀국선을 타지 못했다. 해방 후 조국에서의 4·3의 좌절과 밀항, 그리고 조총련 조직과의 갈등 속에서 분단은 김시종이 넘을 수 없는 선이었다. 여기에서 김시종은 발상의 전환을 한다.

즉, 38도선의 동쪽 연장선상에 위치한 니가타에서 북한으로 출항하는 귀국선을 바라보며, "숙명의 위도(緯度)를 / 나는 / 이 나라에서 넘는 거다"라고 혼자서라도 분단을 넘겠다는 상상을 한다. "숙명의 위도"는 곧 남북 분단선을 가리키는데, 조국에서 넘을 수 없었던 분단이 '재일(在日)'의 위치에 있기 때문에 가능한 역설을 보여 준 것이다. 시적 화자는 조국의 남과 북을 같이 시야에 넣을 수 있는 위치, 니가타에서 떠나가는 배를 보며 다음과 같이 노래한다.

지평에 깃든 / 하나의 / 바람을 위해 / 많은 노래가 울리고 있다. / 서
로를 탐하는 / 금속의 화합처럼 / 개펄을 / 그득 채우는 / 밀물이 있다.
/ 돌 하나의 / 목마름 위에 / 천 개의 / 파도가 / 허물어진다.

남북 분단의 38도선의 연장선에 있는 니가타에서 북한으로 귀국선이
떠나고 있는 모습은 조국 분단의 현장을 보여 주는 동시에, 귀국선을 타
는 사람들과 배웅하는 사람들이 모여 분단을 넘고자 하는 소망이 천 개
의 파도로 어우러져 공명(共鳴)하는 공간이기도 하다. 시인은 남북 분단
의 현장에서 분단을 넘고자 하는 사람들의 간절한 목마름을 일렁이는 파
도에 비유해 노래하고 있다.

김시종의 시집 『니가타』에는 북한 귀국사업 이야기 외에도, 4·3사건
의 기억과 강제징용으로 일본으로 건너간 사람들이 귀국선 우키시마호
[浮島丸]를 타고 아오모리[青森]를 출발해 돌아오는 도중 교토의 마이즈루
[舞鶴] 항구에서 폭침당한 사건과 이로 인해 유실된 사람들에 대한 추도가
담겨 있다. 우키시마호 폭침사건과 4·3사건으로 학살된 사람들이 바다
에 가라앉아 있는 집단의 기억은 김시종 자신이 일본으로 밀항할 때 바
다의 어둠에 묻은 개인의 기억과 중첩된다. 식민과 분단의 시대를 살아
온 조선 민족의 수난과 장대한 역사가 떠돌고 있는 바다 울음소리를 시
에서 읽을 수 있다. 그리고 이제 심해의 어둠에 묻혀 있는 억압된 기억의
봉인을 풀 때라고 시인은 말한다.

이만 번의 밤과 / 날에 걸쳐 / 모든 것은 / 지금 / 이야기돼야 한다. /

하늘과 땅의 / 앙다문 입술에 뒤얽힌 바람이 / 이슥한 밤에 누설한 / 중얼댐을

역사의 기억 속으로 사라져 간 사람들의 침묵을 강요당한 이야기에 귀를 기울여야 함을 이보다 더 애절하고 강렬하게 호소하고 있는 문장은 없을 것이다. 심해의 어둠 속에서 들려오는 바다 울음의 진실을 규명하여 세상에 밝혀야 한다는 간절한 호소를 느낄 수 있다.

김시종 시인은 4·3사건으로 정부 당국에 쫓겨 1949년에 일본으로 밀항해 현재에 이르기까지 재일의 삶을 살아왔다. 그가 니가타에서 귀국선을 바라보며 노래하고 있는 것은 조국으로 회귀하고자 하는 망향(望鄕)의 마음만은 아닐 것이다. 남북 분단의 현장 니가타에서 조국에서는 넘을 수 없었던 분단을 넘는 상상을 하고 있는 것이다. 이는 '재일'을 한반도와 일본 사이에 끼어 정체성의 불안을 느끼는 네거티브한 존재가 아니라, 한반도의 남과 북 그리고 일본을 모두 포괄하는 위치에서 새롭게 존재 의미를 규명한 것으로 평가할 수 있다.

5. 가족의 나라

〈가족의 나라[かぞくのくに]〉(2012)는 재일 2세 양영희(梁英姬) 감독의 첫 극영화이다. 양영희 감독의 세 오빠가 귀국사업으로 북한에 건너갔기 때문에 북한을 가족이 살고 있는 나라라는 의미에서 붙인 제명으로, 동명

의 자전적 소설도 있다. 양영희 감독은 〈가족의 나라〉에 앞서 귀국한 세 오빠의 이야기를 〈디어 평양[ディア・ピョンヤン]〉(2005)과 〈굿바이 평양[愛しきソナ]〉(2011)의 다큐멘터리 영화로 제작하였다. 〈디어 평양〉에는 평양에 있는 오빠들을 만나러 부모님과 함께 니가타에서 만경봉호를 타고 평양으로 가는 장면부터 오랜만에 가족들과 만나 식사를 하는 장면, 그리고 오사카에서 지내는 부모님을 인터뷰하는 장면 등이 담겨 있다.

양영희의 오빠 셋이 북한으로 건너간 것은 1968년에 귀국사업이 일시적으로 중단되었다 재개된 시점이었다. 1971년에 둘째(건아)와 셋째(건민) 오빠가 먼저 북으로 갔고, 1972년에 큰 오빠(건오)마저 북한으로 건너갔다. 귀국사업이 재개된 1970년대는 자발적으로 귀국하려는 사람이 줄어든 상태에서 조총련 조직에서 활동하는 부모의 권유로 자식들이 북으로 건너가는 경우가 많았다.

이후 11년간 가족이 만나지 못하다 1983년에 조선학교에 다니던 양영희가 학생방문단으로 처음 평양을 방문하여 2주간 머물렀다. 조국 충성의 결의를 위한 조국 방문의 명목이었기 때문에 오빠들과는 짧은 시간밖에 '면회'할 수 없었다. 양영희는 눈에 들어온 평양 시내에서 위화감을 느꼈다고 영화 속 내레이션에서 말한다. 이후 20년간 양영희는 혼자서 혹은 부모와 함께 여러 차례 평양을 방문한다. 그녀에게 평양은 '어머니 조국'도 아니고, 혁명의 도시도 아닌, 만나고 싶은 가족이 있는 장소일 뿐이다. 세 아들을 위해 어머니가 그동안 북으로 돈과 물품을 계속 보냈던 것도 같은 이유에서였을 것이다. 양영희 감독이 부모와 함께 평양을 방문했을 때 가족과 재일 귀국자 지인들이 모여 벌인 옥류관 잔치에서 아버지는 '조국을 위하여' 살아온 삶을 이야기하는데, 이를 카메라에 담고 있던 양영희 감독은 '조국'이란 무엇인지 자문해 본다.

〈디어 평양〉에 마음 불편한 장면이 있다. 인터뷰어인 딸 양영희 감독이 아버지를 향해 묻는다. "오빠들 세 명 전부 보낸 것 후회하세요?" 아버지는 잠시 머뭇거리다, "이미 가 버린 것은 어쩔 수 없다고 생각하지만, 보내지 않았다면 더 좋았을 거라고도 생각해"라고 답한다. 세 아들을 북으로 보낸 것을 후회하는 듯한 표정을 지어 보이는 아버지에게 딸의 물음은 매우 잔인한 질문이었으리라. 니가타에서 떠나는 아들을 배웅할 때 울었는지 묻는 질문에, 자신은 울지 않았고 어머니는 울었다고 답한다. 그리고 지금까지는 무슨 일이 있어도 조선 국적만은 바꾸지 말라고 딸에게 단호했던 아버지가 이제는 한국 국적으로 바꿔도 좋다고 말한다. 아버지가 딸의 삶의 방식을 받아들여 준 것인지 궁금해하며, 북인지 남인지 어느 한쪽을 선택해야만 하는 현실의 모순을 느꼈다는 내레이션이 이어진다.

양영희의 아버지는 제주도 출신으로, 오사카에서 해방을 맞이했다. 조총련 설립 초기부터 오사카 본부의 핵심 멤버로 활동했는데, 재일 인권운동을 하던 중 어머니를 만나 결혼해서 세 아들과 딸 양영희를 낳았다. 조총련에서 애국 부부로 유명했다고 한다. 그리고 세 아들이 10대일 때 모두 북한으로 보냈다. 아버지는 돌아가시기 전에 평양으로 가족을 만나러 가자고 하면서, 죽어서 자식들이 있는 평양에 묻히고 싶다고 말한다. 클래식음악과 커피를 좋아했던 큰오빠 건오가 조울증을 앓다 2009년 7월에 평양에서 사망하고, 2004년에 뇌경색으로 쓰러진 아버지도 2009년 11월에 82세의 나이로 오사카에서 사망하게 된다. 영화를 보는 내내 궁금한 점이 있었다. 아버지는 죽기 전에 아들의 죽음을 알았을까? 소설 『가족의 나라』의 마지막에 다음과 같이 적혀 있다.

마지막으로 한 번만 더 오빠들을 만나고 싶다는 희망을 품었지만, 이루어지지 않았다. 우연히도 큰오빠인 건오 오빠가 같은 해에 죽었다. 아버지는 오빠의 죽음을 알지 못한다. 서로, 저세상에서 만나 깜짝 놀라게 될까.

나는 첫 영화를 아버지에게 보여 주고 싶었다. 하지만 그것도 이루어지지 않았다. […]

자신이 태어난, 고향인 한국의 제주도가 아니라, 아들과 손자가 있는 평양에 그의 무덤이 있다. 재일조선인 애국자를 위한 위령원인 모양이다. 자신의 무덤이 북에 있다는 사실 자체가 남은 가족들의 안녕을 보장해준다고 믿은 것이다. 작년에 어머니가 오사카의 절에 보관하던 아버지의 유골을 가지고 평양에 갔을 때, 나의 동행은 허락되지 않았다. […]

제주도에서 일본으로 건너와 '북'을 상징적 조국으로 선택한 아버지는 그 후 자신의 고향, 한국의 가족을 만날 수 없었다. 부모의 죽음도 지켜보지 못했다.

그리고 지금, 나는 나 자신의 사는 길을 고집함으로써, 오빠들의 가족과 만나는 길을 차단당했다.[2]

양영희 감독의 가족 이야기는 재일코리안이 살아온 역사를 상징적으로 보여 준다. 일제강점기에 제주도에서 오사카로 건너가 해방을 맞고, 전후 일본 사회의 차별 속에서 북한을 조국으로 받아들여 귀국사업 때 북한으로 건너간 사람들, 그리고 일본에 남아서 북한으로 귀국한 자식과 그 가족들을 물심양면으로 돌보고 있는 삶은 재일코리안의 일대기를 보여 주는 듯하다. 북한에 있는 자식 걱정에 죽어서라도 북한에 묻혀 자식에게 도움이 되겠다는 아버지는 정작 자신의 고향인 제주도 땅은 밟지도 못했다. 또, 북한에 비판적인 양영희는 아버지의 무덤을 찾아가지 못하고 오빠 가족들도 만나지 못하는 이산의 삶을 살아야 한다.

이와 같이 귀국사업으로 북한으로 건너간 사람들을 북한에서 '귀국동포', 줄여서 '귀포'라고 부른다. '귀포'는 북한 사람들이 이들을 멸시해서 낮게 부르는 말로, 일본에 있는 가족들로부터 물품과 돈을 받아서 호화롭게 살고 있다는 질투심에서 나온 말이기도 하다. 양영희 감독은 소설 『가족의 나라』에서 '귀포'가 북한 입장에서 보면 자본주의 사상과 타락한 생활을 들여오는 반란분자로 보일 수 있기 때문에 조금이라도 이상한 행동을 하면 그 즉시 '적대분자'라는 꼬리표가 붙는 존재라고 설명한다. 이는 귀국한 재일코리안이 현지에서 입지가 좋지 못한 사정을 보여 주는데, 그 때문에 더욱 일본에 남아 있는 가족은 돈과 물품을 계속 보내면서 신경을 쓰고 살아갈 수밖에 없는 상황을 말해 준다.

그런데 양영희 감독의 가족 같은 이야기가 특별한 것이 아니라 재일코

---

2   양영희(2012), 『가족의 나라』, 씨네북스, 283-284쪽.

리안에게는 흔히 있는 일이라는 사실이 새삼 놀라게 한다. 후카자와 우시오[深澤潮]의 소설 『가나에 아줌마[金江のおばさん]』(2012)에도 비슷한 이야기가 나온다. 가나에 아줌마는 조총련 조직에서 활동하고 있는 남편의 인맥을 살려 중매쟁이 일을 하고 있는데, 중매 알선료와 성사 사례금, 인연을 맺어 준 사람들의 가족행사에 필요한 의상이나 공간 대여에 관여하면서 받는 수익금을 모아 북한으로 귀국한 아들 고이치에게 송금하는 생활을 40년 넘게 해오고 있다. 고이치도 조총련에서 활동하는 아버지 때문에 1972년에 북한으로 귀국한 것인데, 최근 들어 아들의 생사도 확인이 되지 않아 불안한 상태이다. 가나에 아줌마는 니가타에서 만경봉호를 타고 북한으로 건너가는 아들을 배웅했을 때의 모습을 떠올린다. 아들 때문에라도 재일 네트워크 속에서 계속 활동할 수밖에 없는 재일 1세 부부의 고단한 삶과, 민단과 조총련을 넘어 사람들의 인연을 맺어 주는 가나에 아줌마의 활동을 통해 재일 사회의 일상 속 리얼리티를 들여다볼 수 있는 작품이다.

6. 운항 재개를 기다리는 만경봉호

만경봉호(萬景峰號)는 북한에서 1971년에 건조한 배로, 재일코리안의 귀국사업 후반에 사용되었다. 또, 일본의 니가타와 북한의 원산을 정기적으로 운항하며 재일코리안 학생들의 북한 수학여행(조국방문)이나 물품 수송 등에 사용되며 북일 간을 왕래하였다. 그런데 북한의 미사일 발사 문제, 핵실험, 일본인 납치 문제가 불거지면서 북한에 대한 여론이 악화되었고, 만경봉호의 운항도 금지되었다. 북일 관계가 개선되어 만경봉호가 다시 운항을 재개할 날은 언제일까?

일본에서 이른바 '북한 때리기[北朝鮮バッシング]'가 특히 심해진 것은 1990년대부터이다. 북일 간의 관계 개선을 위하여 1992년까지 여러 차례에 걸친 수교회담이 진행되었지만, 식민지 보상 문제와 북핵 문제를 둘러싸고 의견이 대립하여 진전을 보지 못했다. 1994년에 북미 제네바 합의로 북핵 문제의 해결의 실마리를 찾는 듯 했으나, 미국의 약속 이행이 늦어지고 북한이 합의를 위반하면서 합의는 실패했다. 그리고 1998년 8월에 북한이 중거리 탄도미사일(대포동 미사일)을 발사한 사건으로 북한은 일본의 안보를 위협하는 존재로 이미지가 악화된다.

2000년대에 들어서도 북일 간의 수교 교섭이 진행되었지만 진전이 없다가, 2002년에 고이즈미 준이치로[小泉純一郞] 총리가 방북하여 김정일과 함께 '북일 평양선언'을 발표했다. 일본은 과거 식민지배에 대한 반성과 사죄의 뜻을 표명하고, 북한은 일본인 납북자와 미사일 문제의 해결을 약속했다. 그런데 선언 직후, 일본인 납치문제가 매스컴에 연일 오르내리면서 북한에 대한 비판적 여론이 들끓었다. 북핵 문제와 일본인 납치 문제를 해결하기 위해서 강경한 대북 제재가 필요하다는 논의가 당시 관방장관이었던 아베 신조[安倍晋三]와 자민당의 아소 다로[麻生太郞]를 중심으로 대두되면서, 일본 내의 대북 여론이 급속히 악화되었다. 그리고 2003년에 북한이 NPT(Nuclear Non-Proliferation Treaty, 핵확산금지조약)를 탈퇴하면서 북핵 문제를 둘러싼 국제적 위기가 고조되었고, 일본의 '북한

때리기'도 다시 맹렬해졌다. 그 결과, 니가타와 원산 간을 오가던 만경봉호의 운항도 2007년에 전면 금지되었다.

이와 같이 북한에 대한 일본의 부정적인 여론이 거세질 때, 그 화살이 조총련계 민족학교에 다니고 있는 힘없는 학생들에게 향하는 일이 많다. 특히 치마저고리를 입고 다니는 조선 학교 여학생들에 대한 폭언과 폭행이 연이어 일어난다. 그리고 일본 문부과학성의 학교 정책에서도 조선 학교는 불리한 취급을 받게 된다. 재일 작가 최실(崔實)의 『지니의 퍼즐[ジニのパズル]』(2016)에 이러한 조선 학교 학생들의 이야기가 나온다.

김명준 감독의 영화 〈우리학교〉(2007)는 일본 홋카이도[北海道]의 조선 초·중·고급학교 학생들의 생활을 3년간 취재하여 제작한 다큐멘터리 영화이다. 김명준 감독은 한국인이기 때문에 조총련계의 조선 학교에 머물며 이데올로기의 벽을 넘어 영화를 찍는 것이 쉽지는 않았을 것이다. 그런데 김명준 감독과 조선 학교 학생들이 어우러져 울고 웃으며 공감하는 학교생활이 영화에 고스란히 담겨 있다.

영화 속 인상적인 장면으로 학생들이 졸업여행을 떠나는데 니가타에서 만경봉호를 타고 북한을 향해 출발하는 모습이 있다. 김명준 감독은 한국 국적이었기 때문에 학생들과 함께 배에 오르지 못했으며, 일본 경찰이 근접 촬영도 금했기 때문에 배에 탄 학생들을 멀리서 바라봐야만 했다. 이에 학생들은 배 위에서 "명준 감독"을 외치며 'LOVE'라는 글자를 몸으로 그려 보인다. 분단의 아픔을 느낄 수 있는 뭉클한 장면이다. 그리고 배 위에서 즐겁게 떠들며 떠났던 학생들도 돌아오는 길에는 '우리나라'의 무게를 무겁게 느끼며 생각에 잠기는 모습이 영화 속에 담겨 있다.

재일코리안의 조선 학교가 조총련계의 조직과 관련되어 있다고 하더라도 북한 그 자체와 관련된 것은 물론 아니다. 그런데 일본의 '북한 때리기'는 논리의 허점은 차치하고라도 가까이에 있는 재일코리안에게 그 피해가 전가되는 점이 문제이다. 그리고 '재일'이 일본 속의 북한으로 등치되는 순간, 정작 일본 사회에 배태된 차별과 폭력과 같은 근본적인 문제들이 소거되어 버리는 데 문제의 심각성이 있다. 하루빨리 북일 관계가 개선되어 국교 정상화가 이루어지고, 만경봉호가 니가타와 원산 사이를 다시 왕래하며 서로 교류하고 소통하는 날이 오기를 바라마지 않는다.

재일 작가 유미리(柳美里)는 만경봉호의 운항이 금지된 후인 2008년에 북한을 방문했다. 만경봉호를 타고 북한으로 가고 싶었지만 일본인 납치 문제와 북핵 문제로 운항이 금지되었기 때문에, 간사이[関西]공항에서 다렌[大連], 선양[瀋陽]을 경유하는 루트로 평양에 들어갔다. 만경봉호를 탔더라면 직선으로 갈 수 있는 곳을 돌고 돌아간 것이다. 평양국제공항에 도착한 유미리는 도항 목적을 '조국 방문'이라고 적었다. 유미리는 방북 에세이에서 북한을 '환상의 조국'으로 표현했다. 그리고 대동강변을 걸으며 노스탤지어에 휩싸였다고 적고 있다.

유미리는 왜 북한에 향수를 느낀 것일까? 첫 번째 평양 방문을 끝내고 돌아와 쓴 기행에세이 『내가 본 북조선-평양의 여름휴가[ピョンヤンの夏休み わたしが見た北朝鮮]』(2011)에서 자신처럼 이국에 살면서 조국을 방문하는 사람을 '데라시네(déraciné, 뿌리 없는 풀)'라고 표현하였다. 그리고 조국에 돌아오니 마음이 조국에 뿌리를 내리고 있는 것 같다고 하면서, 조국

에 뿌리를 내리고 있는 동포로서의 의식을 강조했다. 어느 정도 감상적(感傷的)인 기분이 들어간 표현이기는 하지만, 재일코리안이 북이든 남이든 한반도로 건너와 동포로서의 동질감을 느꼈다면 이를 단지 감상적인 기분으로만 치부할 일은 아니다.

유미리는 북한 방문에 앞서 한국과 맺은 인연이 더 빠르고 깊었다. 주로 개인적인 이야기를 써 온 그녀는 2000년대 이후에 이전까지의 창작에서 강조하지 않았던 민족적 색채를 드러내기 시작했다. 2004년에 장편소설『8월의 저편[8月の果て]』(상, 하) 2권을 출간했는데, 이 소설은 일본의 『아사히신문』과 한국의『동아일보』가 동시에 연재해 2002년 4월 연재 당초부터 화제를 모았고, 한일 양국에서 동시에 출판되었다. 일제강점기부터 현재에 이르기까지 이어진 한국과 일본의 근현대사 갈등을 마라톤 주자였던 조부의 생애를 통해 추적하는 내용이다. 즉, 한국에서 '조선인'이라는 피의 루트를 찾아가는 소설을 발표한 후에, 조국의 다른 한쪽인 북한을 방문한 것이다.

재일코리안의 조국 방문은 그곳이 남이든 북이든, 이데올로기의 이항 대립으로 간단히 설명하기 어렵다. 재일코리안으로서 조국을 그리는 마음은 꼭 북한으로 회귀하겠다는 의미라기보다, 이산(離散)의 슬픔과 그리움으로 읽을 수 있다. 그리고 막연한 노스탤지어라도 좋으니 기꺼이 불러들여서 북한을 방문할 수 있었던 재일코리안이 심히 부러운 한국인도 적지 않으리라고 생각된다.

7. 경계를 넘는 재일코리안

한반도와 일본열도를 한 바퀴 돌며 식민과 분단의 디아스포라로 남은 사람들이 있다. 일제강점기에 일본으로 건너가 해방 후에 귀국사업으로 북한으로 건너가지만, 북한에서 정착하지 못하고 사선을 넘어 한국으로 탈북했다가, 한국에도 정착하지 못하고 다시 일본으로 건너가거나 제3국으로 떠나는 사람들이 바로 그들이다. 이러한 삶은 한 세대가 지나온 시간으로 보기에는 길기 때문에 두 세대 이상에 걸친 이야기일 가능성이 크다.

이러한 사람들을 주승현은 『조난자들─남과 북, 어디에도 속하지 못한 이들에 관하여』(2018)에서 '조난자들'로 표현하고, 재일조선인 출신자들이 탈북해서 제3국을 거쳐 일본으로 입국하거나 한국으로 입국했다가 다시 일본으로 건너간 사람들이 2017년 기준 500명에 가깝다고 말했다. 말 그대로 어디에도 속하지 못하는 '경계'의 사람들로, 식민과 냉전의 시대를 살아온 우리 민족의 슬픈 초상이라고 할 수 있다. 재일코리안 사회를 식민에서 분단으로 이어진 근현대사의 통시적인 시점에서 바라봐야 하는 이유이다.

그런데 한반도와 일본, 그리고 한반도의 남과 북을 포괄하는 관점에서 이 문제를 바라보면 다른 측면을 볼 수 있다. 재일코리안이라는 존재 자체가 단일한 국민국가 프레임으로는 규정하기 어려운, 어떤 의미에서는 경계를 넘는 사람들이라고 할 수 있지 않은가? 근대 국민국가의 동일성으로 회수되지 않고 균열을 일으키며 경계를 무화(無化)시킴으로써 새로운 정체성을 모색해 가는 존재가 바로 재일코리안인 것이다.

현대사회는 모든 영역에서 경계가 허물어지고 융합을 추구한다. 따라서 한 국가나 지역에 고정된 배외주의(排外主義) 시각은 구시대의 유물일 뿐, 새로운 시대에 대한 적응력을 잃고 자칫 타자에 대한 혐오와 폭력을 불러올 수 있다. 일본 사회의 차별을 벗어나서 조국 분단을 넘고자 니가타에서 귀국선을 탄 사람들, 그리고 김시종 시인처럼 금강산 벼랑 끝 "불길한 위도"에서 망망히 번지는 바다를 바라보며 일본에 남아 '재일'을 살아온 사람들에게서 동북아의 교류와 소통의 장(場)으로 나아갈 수 있는 가능성을 끌어내 보는 것도 의미 있을 것이다. 재일코리안은 식민과 냉전의 시대를 지나며 분단과 이산을 넘어 한반도의 남과 북, 일본을 연결하는 인간의 연결망(human-grid)과 같은 존재이기 때문이다.

일본의
근대,
근대의
일본